La musique
à mains nues

L'Iconoclaste
3, rue Rollin
75005 Paris
Tél : 01 42 17 47 80
Fax : 01 43 31 77 97
iconoclaste@editions-iconoclaste.fr

La musique à mains nues se prolonge
sur www.editions-iconoclaste.fr
et sur www.francemusique.com
partenaire de L'Iconoclaste pour cet ouvrage

Claire Gibault

La musique à mains nues

Itinéraire passionné d'une femme chef d'orchestre

L'Iconoclaste

À Père Syméon
À Claudio Abbado
À José et Élise

On se demande parfois : « Faut-il recourir à la force ou à l'humble amour ? » N'employez jamais que cet amour, vous pourrez ainsi soumettre le monde entier. L'humanité pleine d'amour est une force redoutable, à nulle autre pareille.

Fedor Dostoïevski, *Les Frères Karamazov*
(Entretiens du starets Zosime)

1.
UN CERTAIN SILENCE

La petite fille que j'étais s'enfermait dans le silence. J'avais du mal à parler, à m'exprimer. En moi, quelque chose s'était clos. Ce blocage était lié à un minuscule événement, survenu quand j'avais quatre ans. À la réflexion, je ne crois pas qu'il fut anodin. En juillet, un soir de fête, j'étais allée me promener avec mon père dans les rues du Mans où nous habitions. Je me souviens de la chaleur, des odeurs, des bruits de la fête. J'entends encore le feu d'artifice. Je tenais mon père par la main. Sur le chemin du retour, nous avons croisé une dame très souriante avec laquelle Papa a échangé quelques mots. Aussitôt après, il m'a dit : « Ne dis pas à Maman que nous avons rencontré cette dame. »

En parlant, il me regardait droit dans les yeux. Je n'ai rien dit, bien sûr. Mais ce jour-là, ma parole s'est, d'une certaine façon, arrêtée. L'injonction de mon père a provoqué en moi une grande inquiétude, quelque chose de brutal que je ne comprenais pas. Le fait de parler devenait dangereux. Je subodorais la possibilité d'un cataclysme. Il fallait donc se taire. J'ai pris l'habitude de me réfugier dans le silence. Je pouvais rester de longs moments sans dire une parole. C'est bien plus tard, devenue adulte, que j'ai mesuré l'importance de cet épisode apparement insignifiant. En fait, confusément, il a continué de m'habiter. Longtemps, je me suis sentie mal à l'aise à l'approche du 14 juillet et les soirs de feu d'artifice. « Ne le dis pas à ta maman… » Cela voulait dire : « Ne choisis pas le canal de la parole. » Avec le recul, je crois que ma passion pour la musique s'est nourrie de cet empêchement brutal. Se taire, oui, mais peut-être pouvait-on parler d'une autre façon. Les notes pouvaient remplacer les mots. La musique était un langage qu'il suffisait d'apprendre et d'utiliser. Je me suis passionnée pour le solfège et je m'y suis mise d'autant plus jeune que Papa fut mon premier guide. Il était professeur de solfège pour les débutants au conservatoire du Mans.

J'ai effectivement adoré le solfège. J'ai su lire et chanter les notes presque avant de connaître l'alphabet. Comme dans *La Gloire de mon père* de Marcel Pagnol – et sans dire que j'étais sa fille –, Papa m'interrogeait volontiers devant l'inspecteur du ministère de la Culture venu juger la qualité de son enseignement. J'ai vite compris qu'il était fier de moi et que j'étais sa meilleure élève. Toute ma vie s'est bâtie sur cette confiance qu'il a su implicitement me témoigner.

Je me souviens encore du chemin que nous faisions ensemble, à pied, pour aller au conservatoire. Il me tenait par la main pendant tout le trajet et portait mon cartable à musique. Je me sentais heureuse. Nous devions traverser le jardin des Plantes et ses roseraies, ses petits lacs, puis le jardin de Tessé, avec son bassin à jet d'eau pour les petits bateaux à voile et à moteur des enfants, avant de prendre les ruelles pavées du vieux Mans, de longer la cathédrale gothique Saint-Julien avec ses arcs-boutants et ses gargouilles, et de passer devant la maison du Pilier Rouge. À ce moment précis, j'avais régulièrement droit à l'histoire du bourreau et de ses exécutions, histoire qui, disait-on, avait donné son nom à cette maison. Je me sentais si bien protégée par mon père que l'évocation du bourreau ne m'effrayait pas du tout. En fait, j'ai appris longtemps après que cette histoire était une légende.

Et puis je me suis enfermée davantage dans le silence. Je n'ai plus jamais eu de vraies conversations avec mon père. Nos échanges passaient par la musique. Papa était d'ailleurs quelqu'un d'assez fermé et silencieux. Avec lui, on ne tenait pas de discours sur la musique, on en jouait.

C'est ainsi que j'ai appris à « parler », à ma façon. Plus tard, au conservatoire, avec d'autres élèves – Jean-Claude, Simone, Huguette, Étienne, Georges –, nous avions formé le Cercle des amis de Robert Schumann. Nous jouions sa musique de chambre, en particulier le *Quatuor pour piano et cordes en mi-bémol majeur*, opus 47, de 1842.

Je continuais à jouer un peu de piano, mais c'est surtout au violon que je me consacrais « professionnellement ». J'aimais jouer *Carnaval*, opus 9, et particulièrement « Eusebius » et « Florestan », ces personnages doubles que Schumann ressentait en lui qui était en perpétuelle recherche de cohésion et d'unité personnelles. Je jouais aussi « La marche des Davidsbündler contre les Philistins », une charge contre les bourgeois, fonctionnaires, officiers, magistrats ou pasteurs qui osaient parler de musique.

Avec mes amis, nous apprenions par cœur les lettres échangées entre Robert et Clara Schumann aussi bien que le poème de Heinrich Heine mis en musique par Clara, *Die Lorelei* – « *Ich weiss nicht, was soll es bedeuten, das ich so traurig bin* » [Je ne sais pas pourquoi je suis si triste]. C'était notre « Cercle des compositeurs disparus ». Nous avions l'impression de faire partie d'une caste de très grands romantiques et cela nous dispensait, pensions-nous, des divertissements de nos camarades de classe.

Nous étions au-dessus de cela. Pourtant au lycée Berthelot où j'étudiais l'allemand en seconde langue, je m'étais passionnée pour l'histoire du mouvement politique et littéraire allemand *Sturm und Drang* [Passion et tempête], surgi en Allemagne en réaction à *l'Aufklärung* [Les Lumières] inspiré des Lumières françaises. Enthousiasmée par le romantisme, je découvrais Novalis, Chamisso, Jean-Paul Richter, tous ces poètes musiciens et vagabonds (qui ont nourri le thème du « *Wanderer* ») qui cherchaient dans le dépaysement à se découvrir eux-mêmes. On collectionnait même les reproductions du peintre Caspar David Friedrich.

Nous avions nos codes de langage, qui passaient évidemment par la musique : *mi* bémol voulait dire « merde », *fa* dièse, « petit », et ainsi de suite. J'avais vraiment intériorisé le fait que la musique était un langage, un chemin qui nous donne accès aux profondeurs de nous-mêmes... J'ai vécu toute mon adolescence de cette façon. Je ne parlais pratiquement pas, je m'exprimais à travers la musique en donnant la première place au rêve, aux émotions, à l'instinct, aux pulsions et à l'intuition. Je préférais cela au rationnel.

Cette manière de vivre et de ressentir a gouverné ma vie bien au-delà de l'adolescence. Jusqu'à mon entrée au

Parlement européen – plus de quarante ans après mes débuts dans la musique –, j'ai été une femme plutôt muette. Cela tombait bien : les orchestres n'aiment pas les chefs qui parlent trop, philosophent à tout bout de champ ou donnent des leçons de musicologie. Pour dire ce que j'avais à dire, j'utilisais la musique et les gestes. Un chef d'orchestre, c'est d'abord celui qui fait des gestes…

C'est seulement en septembre 2004, que j'ai retrouvé mes longues conversations avec mon père, alors qu'il était sur son lit d'hôpital, peu avant sa mort. Il m'a reparlé de l'épisode de la dame, quand j'avais quatre ans. Il avait éprouvé le besoin d'ajouter quelque chose : « Tu sais, m'a-t-il dit, je n'ai jamais aimé que ta mère. Oui, j'ai eu une aventure avec quelqu'un d'autre, mais je n'ai jamais aimé qu'elle. »

2.
L'ENFANCE D'UN CHEF

A priori, rien ne destinait mon père à la musique. Il était le fils d'un paysan de la Sarthe, pas très riche même s'il possédait un peu de terre dans le village de Changé. Dans sa famille, on ne comptait aucun musicien, mis à part le fait que sa mère chantait bien, paraît-il, à quelques soirées de bal ou à des réunions familiales. C'est en jouant du clairon dans la clique du village qu'il avait pris goût à la musique.

Il avait donc commencé adolescent. Papa a eu son Certificat d'études, et c'est sans doute à travers l'école qu'il a trouvé l'occasion de jouer dans la fanfare du village. La musique lui a permis de sortir de son milieu social. Comme il était doué, on l'a remarqué et on lui a dit : « Il faut que tu ailles au conservatoire du Mans », puis, comme cela marchait très bien au Mans : « Il faut que tu ailles au Conservatoire national de Paris ». C'était la période de la guerre, du service militaire. Peu à peu, la musique est devenue sa raison de vivre, même si, pour gagner l'argent du foyer, il est entré à la Caisse d'épargne du Mans où il a fait toute sa carrière jusqu'au poste de directeur adjoint. C'était une époque où, même sans diplôme, on pouvait gravir les échelons. Il était donc en même temps à la Caisse d'épargne, avec des responsabilités, et professeur de solfège au conservatoire.

Papa était aussi soliste à l'Harmonie municipale du Mans. Il jouait du cornet à pistons. Quand il avait un solo, le trac le rendait malade toute la semaine précédant le concert. Nous allions en famille le voir défiler pour les grandes occasions ou jouer dans le kiosque à musique de la place des Jacobins. Nous pouvions y entendre des transcriptions pour harmonie des grandes pièces du répertoire symphonique, des opéras ou des opérettes. Je me souviens encore très précisément combien mon père répétait à la maison, inlassablement, le détaché et le double détaché lingual de la partie de trompette des *Tableaux d'une exposition* de Moussorgski, orchestré par Ravel, en particulier le sixième tableau intitulé « Samuel Goldenberg et Schmuyle », ou encore des *Saltimbanques* de Louis Ganne. Il faisait des exercices sans son instrument en prononçant le plus vite possible TukuTukuTu ou TutukuTutukuTu. En effet pour jouer des passages rapides en *staccato* (détaché), c'est la langue qui sert de clapet et laisse ou non passer l'air. Elle doit venir taper sur les dents du haut et être très rapide. Les trompettistes parlent de « coup de langue » simple, binaire, ou ternaire en fonction du rythme, du tempo et de l'articulation choisie pour exécuter au mieux le passage.

Ses lèvres étaient parfois meurtries par l'embouchure. J'ai su dès l'enfance combien la qualité de la dentition, l'épaisseur des lèvres et la tonicité de leur peau étaient un souci pour les instrumentistes à vent. La moindre gerçure ou morsure était un désastre. (Récemment, à Pékin, l'excellent clarinettiste Alessandro Carbonare a dû renoncer à des répétitions importantes sous la direction de Claudio Abbado parce qu'il s'était brisé une incisive sur un morceau de pain et qu'il avait ainsi perdu la précision et le contrôle parfait du souffle et de l'émission des sons sur sa clarinette.)

J'ai encore en mémoire les déformations du visage de mon père lorsqu'il répétait à la maison. La pression de la colonne d'air dans la cavité cérébrale faisait gonfler les veines de ses tempes et rougir son visage. Cela m'impressionnait de voir, jour après jour, l'application qu'il mettait à maîtriser son instrument. La musique lui donnait du plaisir et un statut social, mais elle le faisait aussi terriblement souffrir dans son corps. Et parfois, à cause de sa trop grande anxiété, ce corps le trahissait. Alors il s'acharnait. Mon père était orgueilleux comme un paysan, très susceptible et, disons-le, assez colérique. Un vrai chef de famille.

J'ai commencé le piano à cinq ans. La musique est vite devenue l'affaire de toute la famille. Nous étions quatre enfants, et notre maison modeste, au 21 rue du Nord, en lisière du jardin des Plantes, retentissait de nos répétitions. Mon frère Jean-Louis, de deux ans mon aîné, a d'abord joué du piano avant de se tourner vers le basson. Ma sœur Hélène, de deux ans ma cadette, étudiait elle aussi le piano. Mon autre sœur, Françoise, la petite dernière, la seule enfant blonde aux yeux bleus (héritage de ma grand-mère paternelle) de notre famille pourtant très noiraude, se consacrait au violoncelle.

À 7 ans, j'ai voulu apprendre le violon. Mon père m'avait emmenée écouter un concert de sonates pour violon et piano donné par des professeurs du conservatoire du Mans. Le professeur de violon m'avait fascinée. La sonate *Le Printemps* de Beethoven et la *Sonate* de César Franck m'avaient laissée bouche bée. Le soir même j'ai décidé de me mettre au violon. Pour cela, il a fallu que je sois admise au conservatoire du Mans, dont le directeur était alors l'organiste Pierre Cochereau. J'ai passé une audition en jouant *La Ronde* de Planel. Je me souviens très bien de Pierre Cochereau, de la salle enfumée, et de tous les professeurs qui riaient de ma petite jupe avec des cerises. Par la suite, je suis devenue quelque temps la mascotte de Pierre Cochereau. Quand il jouait à l'orgue de la cathédrale Saint-Julien, il lui arrivait de me prendre sur ses genoux pendant qu'il improvisait dans cette nef immense.

L'apprentissage du violon n'est pas facile. Au piano, le son est déjà tout prêt, si j'ose dire. Certes, il ne suffit pas de taper sur une touche pour obtenir un son intéressant mais déjà, ça ne grince pas comme le son du violon au début. On commence avec un quart de violon, on grandit un peu et cela devient un demi, puis un trois-quarts et, quand on a un corps d'adulte, un violon entier.

Mon père, malgré toutes ses occupations, a pris le temps de me faire travailler mon violon. J'ai eu cette chance. Il était extrêmement rigoureux, sévère, impatient, il fallait donc que ça marche vite. J'étais la seconde des enfants, mais la première fille. Je me rends compte que j'ai bénéficié d'un statut très spécial auprès de mon père. Par la suite nous avons pris l'habitude de jouer ensemble. Par exemple le *Concerto pour deux trompettes* de Vivaldi. Nous en faisions une version pour violon et trompette !

Pour le reste, j'ai donc fait mes études musicales au conservatoire du Mans. Solfège, violon, musique de chambre, histoire de la musique, harmonie, fugue, contrepoint. J'ai commencé par la littérature pour violon (Kreutzer, Vieuxtemps, Viotti) et, comme tous les jeunes violonistes, j'ai peiné sur les *Sonates pour violon seul* de Bach. Ardues ! Il faut parfois plusieurs jours pour débroussailler une ligne de la partition, quelques mesures, parce que Bach arrive à tirer d'un seul instrument des harmonies complexes, avec des voix multiples. Bach, donc, et puis Mozart, les *Concertos pour violons.* Les autres littératures pour violon m'intéressaient moins. Jouer Paganini, par exemple, ne me plaisait pas autant que de jouer Mozart. Je trouvais sa musique essentiellement acrobatique, trop technique.

Mon professeur de violon, Christiane Courtade, a été une grande initiatrice. Plus encore que mon père, elle m'a communiqué le goût du phrasé musical, de la musique qui parle, qui vit, qui interroge, qui caresse, qui empoigne. Cette femme était belle et captivante. Quand elle me montrait une phrase musicale sur mon petit violon, la mentonnière restait imbibée de *Shalimar* de Guerlain, pendant des jours. C'est un parfum que toute ma vie j'ai reconnu à la seconde.

Cela dit, je sortais souvent de son cours en pleurs. Mon père me faisait pourtant travailler deux fois par jour mon violon, vingt minutes à l'heure du déjeuner et trente minutes le soir. J'avais à cœur d'être bien préparée mais je ne l'étais jamais assez. Christiane Courtade essayait d'éveiller chez moi la passion, l'exigence, le tempérament, l'extériorisation, l'originalité. Ces accouchements ne vont pas sans provocation, humiliation, violence verbale, obéissance et discipline. C'était très dur, comme peuvent l'être des rites de passage pour accéder à la connaissance de soi et de son art. Pour moi qui étais assez pudique, plutôt sensible et angoissée, sa méthode « musclée » réussissait surtout à me bloquer davantage. C'est dire la cruauté de cette période.

Je pensais devenir violoniste concertiste. Mais à l'âge de 13 ans, quand j'ai obtenu mon Premier Prix de violon, Mme Courtade m'a dit une chose que j'ai mal prise sur le moment – mais dont je lui suis reconnaissante puisque c'est ce qui a finalement décidé de ma carrière. Selon elle, de toute évidence, j'étais une grande musicienne, mais pas assez douée pour le violon parce que, sur le plan de la psychomotricité, j'avais beaucoup de problèmes. C'était vrai. Je n'avais pas cette animalité, cette réunification du corps nécessaires pour devenir une virtuose. Au niveau des bras, des mains, des doigts, de l'agilité du corps, il y avait chez moi une maladresse physique par rapport au violon qui faisait que, même avec le grand amour de la musique que je manifestais et mes dons éventuels, je ne m'exprimais pas vraiment sur cet instrument.

Je n'étais sans doute pas assez passionnée par la technique virtuose, et je ne pouvais donc pas aller très loin. Cette nervosité, cette angoisse me rendaient un peu raide et bloquée. Par la suite, j'ai mis beaucoup de temps à pouvoir réunifier mon corps, mon cœur et mon esprit. J'ai eu longtemps l'impression d'être coupée en deux et de rester trop cérébrale. Il m'a fallu du temps et des efforts pour faire descendre mon centre de gravité.

Peut-être un enseignement plus en accord avec ma nature aurait-t-il pu m'aider à trouver la détente, la paix, la confiance nécessaires quand il faut allier l'apprentissage psychomoteur d'un instrument à l'expression sensuelle de la musique ? Je ne sais. Ce qui est sûr, c'est que ma vocation de chef d'orchestre est née à ce moment-là.

Il faut préciser que je jouais beaucoup avec mon frère aîné et ses copains, et à des jeux de garçons. J'adorais jouer aux billes, par exemple, ou encore aux gendarmes et aux voleurs où il fallait se cacher. J'aimais beaucoup plus ces parties robustes que de jouer à la poupée. Et j'ai très vite compris que d'être du côté de ceux qui décident, c'était plus rigolo que d'être du côté de ceux ou celles qui restent à la maison, font la cuisine et raccommodent les vêtements. La direction d'orchestre, c'était un projet de garçon manqué.

J'ai commencé à faire partie de l'orchestre symphonique de la ville, composé des professeurs du conservatoire, de leurs meilleurs élèves et de quelques amateurs de bon niveau. J'y ai découvert la musique symphonique, l'amplitude des sons, la richesse harmonique, l'écoute des autres et le rôle du chef d'orchestre. Jusque-là, mon expérience de la musique était restée purement mélodique, avec les œuvres pour violon. Excepté pour quelques œuvres comme les *Sonates pour violon seul* de Bach, le violon est un instrument qui ne se suffit pas à lui-même.

Pourtant j'ai aimé ce corps à corps avec un instrument de bois que l'on rend vivant, sensuel. Mon violon était devenu un prolongement de moi-même. Je ne joue plus de violon depuis longtemps mais j'ai conservé intacte la mémoire des doigtés, des coups d'archet, des démanchés des deux concerti pour violon de Mozart (le 3e *Concerto en sol majeur* et le 5e *en la majeur*), avec lesquels j'ai obtenu mon Premier Prix de violon. J'ai adoré jouer dans l'orchestre, me fondre dans l'expression commune, me laisser envahir par la plénitude du son et entendre de l'intérieur de l'orchestre la beauté des symphonies de Haydn, Beethoven, Brahms, Schubert ou Schumann.

À 13 ans, j'étais au premier pupitre des seconds violons, juste sous le regard du chef d'orchestre. Le premier qui m'a dirigée était un Grec, Dimitri Chorafas ; puis ce fut un Turc, Enyss Djemil, qui était en même temps directeur du conservatoire. Je leur dois d'avoir fait naître ma vocation et, à ce dernier en particulier, d'avoir compris avec intelligence et un grand esprit d'ouverture mon désir de diriger. Que l'on imagine, en 1958, une jeune fille de 13 ans expliquer qu'elle veut diriger l'orchestre ! À l'époque, il est vrai, mes parents disaient que j'avais une telle opiniâtreté, un tel entêtement que, pour avoir la paix au moment des départs en vacances, ils me laissaient choisir l'itinéraire et les endroits pour la pause ! Je devais être extrêmement pénible ! En fait, j'ai si bien su convaincre Enyss Djemil qu'il a créé une classe de direction d'orchestre, dans laquelle nous n'étions que quatre ou cinq au début, puis une classe d'orchestre, composée d'élèves instrumentistes.

J'ai d'abord tenté de m'imposer comme violon solo. J'étais passionnée, je ne manquais jamais une leçon, j'arrivais en avance, je rêvais de cette séance qui était vraiment la joie de ma semaine. Je n'étais peut-être pas la meilleure violoniste – il y avait deux ou trois très bons élèves – mais j'étais celle qui préparait tout à l'avance. J'apprenais mes partitions par cœur, je m'acharnais, je briguais le poste. Et j'ai fait tout ce qu'il fallait pour être au bord de l'orchestre, à la place du premier violon solo.

Un jour enfin, ce que j'espérais est arrivé : Enyss Djemil, absent pour une répétition, m'a demandé de le remplacer sur le podium et de faire travailler mes camarades. Par la suite, de temps en temps, quand il avait besoin de s'absenter, il me confiait sa place, c'est-à-dire que je laissais mon violon et j'allais au pupitre pour diriger les autres. Le pantalon et les bas étant interdits au lycée Berthelot du Mans, je dirigeais en jupe et en socquettes.

C'était un petit orchestre de chambre, aussi jouions-nous des pièces faciles sur le plan de la technique instrumentale : Scarlatti, Stradella, Vivaldi, sans grand souci de style, je l'avoue. À cette époque on n'avait pas encore fait les recherches musicologiques et stylistiques que l'on doit aux grands chefs d'orchestre contemporains, de Nikolaus Harnoncourt à John Eliot Gardiner ou William Christie.

Mais j'ai acquis peu à peu une relative aisance, un naturel. Je me suis fait une expérience quasi musculaire, un apprentissage de la pédagogie nécessaire au chef, de la diplomatie avec les camarades, de l'écoute inventive et réactive des musiciens. Nul ne peut imaginer les courbatures dans les bras, le dos, et même les jambes que déclenchent les premières directions d'orchestre… La tension nerveuse est terrible, au début, en plus des gestes répétitifs. La gestuelle de la direction d'orchestre est un exemple parfait de « somatisation ». C'est-à-dire que ce ne sont pas vraiment les mouvements des bras qui sont fatigants – encore que, répétés quelquefois pendant six heures, ils puissent le devenir –, c'est l'énergie mise dans les gestes qui conditionne le muscle, une énergie qui varie en fonction du nombre de musiciens, de leur distance, de leur qualité et de leur adhésion à votre interprétation.

Ainsi ai-je commencé à diriger à 14 ans. J'ai dirigé l'orchestre de la ville, composé des professeurs du conservatoire et de très bons amateurs. Mon père y jouait comme trompettiste, et on allait encore tous les deux aux répétitions. Pour moi, diriger, c'était d'abord partager. Je ne suis pas quelqu'un qui peut garder ses joies. Dans ma tête s'installait à l'époque l'idée d'avoir une espèce de mission – j'avais beaucoup d'idées musicales à exprimer –, avec la conviction que mon interprétation et ma façon de faire étaient importantes pour le monde. Je ne manquais pas d'air, comme on dit. Il fallait une sacrée dose d'inconscience de la difficulté et de l'enjeu de ce métier pour oser le pratiquer !

Je me sentais portée par une passion charnelle de la musique. Elle était cet exutoire et ce langage qui, comme je l'ai dit, était un refuge. Dans mon esprit, la direction d'orchestre constituait aussi une manière de revanche sociale : être en vue, être regardée, avoir son nom dans les journaux. J'aimais cela aussi, pourquoi m'en cacher ?

Il faut enfin parler du pouvoir, du goût pour le pouvoir. Il m'intéressait parce qu'il permet de faire ce qu'on a vraiment envie de faire. Ce n'était pas le pouvoir pour le pouvoir, pour dominer, non, cela n'a jamais été. Pour convaincre, oui. Et diriger, oui assurément, mais parce qu'on pense qu'on a quelque chose à dire et que cela vaut la peine de le dire. Je sentais une espèce de force inexorable en moi. Et pour l'exprimer, il me fallait prendre le pouvoir.

Au sujet du pouvoir, je me souviens d'un épisode qui, avec le recul, m'apparaît plutôt drôle. Quand j'ai passé mon premier concours de direction d'orchestre au conservatoire, mon père était dans l'orchestre, au pupitre des trompettes. Il y avait un jury, sur le côté, et tout l'orchestre devant. Une des épreuves consistait en une répétition. Je monte au pupitre, je commence à diriger. Tout d'un coup je m'arrête et, m'adressant à mon père, je lui lance : « Monsieur, vous êtes entré en retard et, en plus, vous êtes mal accordé. » Il avait dû faire une erreur, je n'aurais pas inventé ce reproche public, et cela d'autant moins qu'il était l'un des rares musiciens que j'avais repris sur ce qui n'allait pas. Sur le moment, il n'a rien dit. Il a corrigé ce que je demandais. Le soir, quand on est rentré ensemble à la maison, j'ai eu droit à sa colère, même s'il ne m'en a pas tenu rigueur longtemps. J'avais donc fait preuve de tempérament tout en réglant mes problèmes vis-à-vis de lui, en lui retournant la monnaie de sa pièce si j'ose dire. Il est vrai qu'il était très sévère…

3.
L'APPRENTISSAGE DE L'AUTORITÉ

En dehors de la musique, la vie au Mans, en famille et en société, n'était pas très exaltante. J'étais une enfant hypersensible, et jusqu'à l'âge de 9 ans, j'ai eu de vrais moments d'angoisse. Je pouvais quitter subitement la table en disant : « Je ne me sens pas bien, j'ai peur de mourir. »

D'où venait cette angoisse ?

Sans doute y avait-il eu la mort de mes grands-parents paternels que, d'une certaine façon, on m'a cachée mais que j'ai vécue à travers le chagrin de mon père et le constat de leur disparition. Cela tenait aussi à l'époque. Un certain silence régnait alors dans les familles. En tout cas, mes parents ne savaient pas parler de ces choses aux enfants, ni les en délivrer. On devait les assumer tout seul.

Chez moi, l'histoire familiale jouait également un rôle. Ma mère était belle, douce, intelligente, cultivée, discrète, réservée mais dans l'ombre. Elle faisait tout à la maison, même coudre des vêtements pour ses quatre enfants. Sa seule tare, si l'on peut dire – même si ce n'était pas vraiment ce que je ressentais – c'est qu'elle n'avait pas étudié la musique et ne jouait d'aucun instrument. Jusqu'à ce que je m'éloigne un moment de la musique pour entrer au Parlement européen, le monde se divisait pour moi en deux catégories : une supérieure, celle des musiciens ; et une autre, celle de ceux qui l'ignoraient ou n'y étaient pas sensibles.

Toute une partie de ma vie, j'ai cru que le monde des musiciens était vraiment le plus passionnant et que la musique pouvait d'une certaine manière sauver le monde. Bref, j'avais le sentiment assez naïf d'appartenir à l'Élite ! Je me demande comment ma mère a pu supporter de nous entendre travailler tous ensemble nos instruments de musique et comment elle a vécu cette complicité extraordinaire que j'avais avec mon père. Je me souviens même avec horreur m'être exclamée, à 9 ans, à table après une remontrance justifiée de ma mère : « Papa, je n'aime que toi, Maman, je te déteste ! »

C'est pourtant avec elle que nous chantions, faisions des charades en essuyant la vaisselle. C'est elle qui a transmis à ses quatre enfants sa délicatesse, son attention aux autres et son esprit de tolérance. Bref, une si « bonne éducation » que les sœurs de l'école religieuse située juste en face de notre maison, nous voyant passer chaque jour, disaient de nous : « Ils ont beau préférer aller à l'école laïque à huit cents mètres, ils se comportent mieux que nos élèves ! »

La violence verbale dont j'étais capable de faire preuve à l'égard de ma mère traduisait surtout l'angoisse qui souvent m'habitait. Mais lorsque je faisais de la musique, cette angoisse s'évanouissait d'un coup, et j'étais submergée par la joie.

Effectivement, pour reprendre la remarque des religieuses voisines, nous allions tous les quatre à l'école laïque Ferdinand-Buisson, en haut de l'avenue Yzeux. L'angoisse m'a sans doute poussée à être une bonne élève dans cette école primaire. Je ne supportais pas de n'être pas la première ou la seconde de la classe. Je me souviens des cours d'instruction civique au début de chaque journée, des lectures du *Roman de Renart* à haute voix en classe et de la préparation pour la grande fête gymnique de toutes les écoles publiques, qui avait lieu sur la place des Jacobins… Mais je me souviens surtout du *Quadrille des Lanciers* diffusé par haut-parleur. Encore la musique.

Nous fréquentions donc l'école laïque. À la maison, il faut dire que les choses étaient partagées au sujet de la religion. Maman était plutôt athée, Papa plutôt croyant !

Ainsi avons-nous fait tous les quatre notre communion solennelle à l'église Sainte-Croix, et j'ai pris cela très au sérieux. Je me suis même évanouie ! Il me semble pourtant, mais je peux me tromper, que je suis finalement la seule des quatre enfants à avoir gardé une soif de spiritualité, à la fois essentielle et inextinguible. J'espère simplement n'avoir aucun sectarisme. Je n'ai jamais eu le réflexe de cataloguer les gens. À mes yeux, il n'y a pas d'un côté les croyants et de l'autre les incroyants. Nous sommes les garde-fous des uns et des autres. Pour peu qu'il y ait du respect et de l'affection, on peut tenir pour tout aussi authentiques les différents chemins que nous empruntons.

Ce que je ne supporte pas dans ce domaine, c'est l'ironie et le mépris souvent affichés à l'endroit des croyants, comme s'il y avait les intelligents et courageux athées opposés aux obscurantistes crédules. Je ne crois pas manquer d'humour par rapport aux pratiques religieuses, ni faire de prosélytisme en ce qui concerne mes convictions. Le principe français de laïcité me convient très bien.

Ma vocation de chef d'orchestre, en revanche, a créé de nouveaux problèmes dans la famille. Quelque chose d'imperceptible s'en est trouvé changé, concernant l'autorité.

L'épisode avec mon père l'atteste. De la musique comme substitut au langage et conjuration de l'angoisse, on passait tout à coup à une certaine pratique de l'autorité. Ce n'était pas la même chose. Cette autorité qui naissait chez moi à travers la direction d'orchestre a compliqué mes rapports avec mes frère et sœurs. Cela devenait plus difficile pour eux, surtout si l'on ajoute ce qu'il faut bien appeler mon début (un tout petit début) de notoriété. Mes parents étaient fiers de moi et ils ne s'en cachaient pas. Ils placardaient les affiches de mes concerts un peu partout dans la maison. Il y avait de quoi attiser les jalousies latentes qui sont présentes dans n'importe quelle fratrie.

Après avoir étudié le piano, mon frère a choisi le basson, et il lui est arrivé de jouer sous ma direction dans le petit orchestre d'élèves. Il y était donc dirigé par sa sœur, cadette au surplus ! Il s'est tourné par la suite vers l'informatique, avec succès. Ma sœur, Hélène, qui faisait du piano, n'a jamais joué sous ma direction. Après une licence de lettres, elle a finalement gagné sa vie avec plaisir en devenant professeur de piano dans les écoles de musique de Normandie. Pour ma sœur Françoise, la dernière, le chemin a été plus douloureux. Elle a fait du violoncelle et s'est parfois retrouvée, elle aussi, sous ma direction. Violoncelliste, elle jouait très bien et a pu intégrer des orchestres de qualité comme celui du Capitole de Toulouse ou celui de l'Opéra de Lyon. Elle est devenue aussi peintre et sculpteur. Ainsi a-t-elle fait une vraie carrière d'artiste.

Au total, les rapports avec mes frère et sœurs sont restés ceux de notre enfance, c'est-à-dire teintés – de leur part – d'ambivalence. Je crois qu'ils admirent la femme que je suis devenue et, si on m'attaque, ils me défendent sans hésiter. Mais, dans l'intimité, ils se plaignent parfois que je ne les associe pas à ma vie professionnelle. De mon côté, je ne leur demande pas de m'admirer en tant que chef d'orchestre mais de m'aimer en tant que personne. Ce n'est pas à ma vie professionnelle que j'ai envie de les associer. Le malentendu est classique mais il perdure, et j'en souffre autant qu'eux.

4.
LE MUR INVISIBLE

En dehors de la famille, les choses n'étaient pas faciles non plus. Le milieu social dans lequel j'évoluais n'était pas vraiment hostile mais je m'y sentais à l'étroit. Je rêvais d'en sortir, de conjurer la frustration confuse que j'éprouvais, y compris parmi les miens. Je détestais les meubles et la façon dont était décorée notre maison. Plutôt bonne élève, j'étais assez souvent invitée chez des camarades où le décor me paraissait de meilleur goût, où les parents lisaient des livres. On y discutait de choses intéressantes, ce qui n'était pas le cas à la maison. En tant que parents, les miens étaient irréprochables, mais cela ne me suffisait pas. Ou plus.

Comme beaucoup d'enfants, j'avais besoin de m'échapper, de m'arracher à mon milieu et de rêver. Je voulais découvrir – ou conquérir – autre chose. Pour certains, cela peut passer par l'ambition sociale, le travail, les études. Pour moi, c'était la musique. La musique serait mon tapis volant. C'est ainsi que je le ressentais. La musique m'aidait déjà à rencontrer des gens différents, notamment les autres élèves du conservatoire, avec lesquels je répétais souvent. Faire de la musique ensemble, cela crée des liens particuliers. On respire ensemble, on s'écoute, on se regarde, on éprouve des émotions communes. J'avais déjà l'impression d'être ailleurs.

C'est dire à quel point je misais tout sur la musique. Elle a occupé une place énorme dans ma vie. Je lui consacrais l'essentiel de mon temps, depuis les classes primaires, où je travaillais mon violon chaque jour (à l'heure du déjeuner et le soir en rentrant de l'école), jusqu'au lycée, où je faisais encore plus de violon parce que j'étais dans la période où il fallait que j'obtienne mon prix au conservatoire. Au total, entre la 6e et la classe de Philo, j'en ai fait jusqu'à quatre heures par jour. C'était beaucoup. Il est vrai qu'on commençait à me remarquer et cela fouettait mon énergie. Au lycée, on s'apercevait que mon nom apparaissait parfois dans les journaux. Il y avait des comptes rendus des concerts où j'avais joué un petit peu en soliste. Bref je devenais peu à peu l'élève à part, l'artiste. Et j'aimais cultiver cela. À mon désir de m'échapper par la musique s'est vite ajouté, je le concède, un besoin de reconnaissance sociale.

Cela me rendait sensible à certaines (petites) humiliations. Au théâtre du Mans, par exemple, on joua la *Sérénade nocturne en ré majeur*, K. 239, de Mozart, avec l'orchestre de la ville. Dans cette pièce, il y a deux violons solos, placés devant l'orchestre. Je n'avais pas de robe longue pour jouer en soliste sur la scène, et mon professeur de violon, qui jouait la première partie, m'en avait prêté une – ravissante, avec des petits volants et des dentelles. J'étais à la fois très contente d'être dans une jolie robe et, je ne sais pas pourquoi, extrêmement humiliée de devoir porter la robe de quelqu'un d'autre. Certes, en soi, ce n'était pas très grave, mais mon humiliation fut bien réelle. Quand on est enfant, les vêtements ne sont jamais un détail. C'est quelque chose d'important.

Au lycée Berthelot, les filles de ma classe portaient des pulls en cachemire avec une couture spéciale sur l'épaule (c'était des pulls Korrigan), qui coûtaient très cher. Dans mon esprit, ils étaient un signe distinctif de la bourgeoisie mancelle. Moi j'avais des pulls tricotés par ma mère ou par une voisine. Encore un détail qui vous marque. Aujourd'hui, moi qui suis devenue plutôt coquette, je me demande encore si mon goût un peu excessif pour les beaux vêtements ne vient pas en compensation de ces frustrations de l'enfance.

Les humiliations de cette sorte, pour banales et bêtes qu'elles soient, contribuent à faire naître un besoin de revanche sociale plus durable et plus puissant qu'on ne l'imagine. Pour moi, il a été un vrai moteur. En fréquentant une certaine bourgeoisie mancelle, j'ai parfois senti que mes parents étaient considérés sinon comme des petits paysans du moins comme des « gens ordinaires ». C'est l'expression qu'on employait en province. Ils ne maîtrisaient ni les codes ni les manières, ni les formes de réflexions des grands bourgeois, ni non plus le côté bohème chic qu'on arbore chez les artistes. Ils étaient des gens « ordinaires », c'est-à-dire simples.

Mon besoin de revanche sociale était bien réel, violent même, mais il ne m'a jamais conduite à juger de haut le milieu d'où je venais. J'aime toujours les gens simples et notamment ceux de la campagne. Je me souviens avec une vraie tendresse de ma marraine, la sœur de mon père, tante Germaine, qui était une fermière pas riche du tout. Avec elle, j'allais couper les choux, nourrir les lapins, chercher les vaches, cueillir les cerises ou les haricots verts. Je partageais ainsi une vie de ferme modeste de la Sarthe, je l'accompagnais en carriole quand elle allait vendre sur le marché et j'adorais cela. C'était ce qu'on appelle une « forte femme ». Elle dirigeait la ferme de main de maître, et son image m'a accompagnée tout au long de ma vie. Je ne peux pas manger une crêpe de sarrasin sans penser à elle. Sur le marché de Pontlieue, elle m'en offrait une chaque semaine.

Tout en rêvant d'évasion sociale, je n'ai jamais éprouvé de tendresse pour la bourgeoisie de province. Au Mans, comme ailleurs en province, elle est souvent dure et sans réelle générosité. Moi, au fond, j'étais le petit oiseau qui réussissait et qu'on aimait bien montrer. Cela me donnait un statut à part. Je sentais pourtant, à quelques réflexions glanées ici ou là, que – comme dans *Le Rouge et le Noir* de Stendhal – il y avait bien entre cette bourgeoisie et nous un mur invisible. Bonne musicienne ou pas, on me faisait comprendre que je n'étais pas du même monde.

Alors j'ai eu besoin de mettre ce monde à mes pieds. Et de venger mes parents. La notoriété attire toujours ces gens-là. On devient vite la personne qu'on veut avoir chez soi, qu'on veut montrer à ses relations. Je comprenais qu'elle pourrait être l'arme d'une revanche. Ce désir de notoriété incluait aussi, il est vrai, une envie de faire plaisir à mes parents. Cela leur redonnait une légitimité, on leur parlait mieux, davantage, parce qu'ils étaient les parents de Claire Gibault. Au fil du temps, cette notoriété est devenue un outil nécessaire pour avoir du travail. Au début pourtant, j'y voyais surtout un outil de défense.

Quand j'ai commencé à être connue, mes parents ont été fiers de moi, ils achetaient les journaux, je l'ai dit, et découpaient les articles me concernant. Une fois, ils ont été blessés parce qu'une journaliste avait raconté qu'ils n'avaient pas été d'accord pour que je fasse le voyage à Besançon pour le concours de jeune chef d'orchestre. La rédactrice ajoutait qu'ils avaient même eu très peur en apprenant que je voulais devenir chef d'orchestre. Comme ils n'avaient pas fait d'études tous les deux, qu'ils n'avaient pas eu leur bac, ils souhaitaient, selon elle, que je passe mon bac et fasse des études avant de me consacrer à la musique. Ils en ont été blessés. À juste titre.

Cette journaliste, en fait, avait un peu réglé ses problèmes à travers moi en déformant mes propos, en disant que j'avais été en conflit avec mes parents, ce qui était faux. En somme, elle en avait rajouté pour mieux « vendre » son article. C'était très humiliant pour mes parents. Ils me l'ont reproché. J'ai eu beau expliquer que ce n'était pas ce que j'avais dit, cela ne servait à rien puisque tous les gens du village avaient lu l'article. Par la suite, j'ai eu beaucoup de peine à réparer cela en insistant, dans d'autres interviews, sur tout ce que je leur devais. La notoriété, qu'elle soit une arme ou un outil, est aussi un piège.

Quand je suis partie poursuivre mes études de musique à Paris, tous ces problèmes se sont détachés de moi. Cela ne m'intéressait plus. À Paris, je me suis immergée dans le milieu étudiant. Mai 1968 est arrivé. J'ai plutôt vécu ces événements avec des maoïstes et des trotskistes! Certains de mes amis ont été enfermés à la prison de la Roquette pour avoir participé à des manifestations. Moi non, mais j'ai manifesté et j'ai même eu les CRS à mes trousses. On s'était enfermé dans les locaux du Conservatoire, rue de Madrid, et on a été attaqué par le mouvement d'extrême droite *Occident*, avec des pommes de terre farcies de lames de rasoir. Je conserve un souvenir fort de cette nuit fiévreuse passée au Conservatoire. Mon enfance au Mans m'a semblé bien loin tout à coup.

Aujourd'hui, je garde malgré tout une immense tendresse pour cette ville. J'aime y retourner, retrouver mes anciens professeurs, aller sur la tombe de mes parents au cimetière de Changé. J'aime ce cimetière, je m'y sens bien, je n'y suis pas triste, je les sens tous deux très présents, en tout cas très vivants en moi. Il est vrai que j'ai eu ce bonheur de pouvoir les accompagner durant les derniers mois de leur vie.

J'avais repris, avec mon père, les conversations d'autrefois, plus particulièrement dans les toutes dernières semaines. Cela a été un formidable échange. Lui qui n'avait pas été du tout pratiquant, il me disait que sans la prière il n'aurait pas pu s'approcher paisiblement de la mort. Au moment où arrivait l'échéance, mon père, le petit paysan orgueilleux qui s'était battu pour être reconnu, avouait volontiers que la seule chose importante à ses yeux et dans son cœur, c'était l'amour pour sa femme et ses enfants. Tout ce qui lui importait au moment de mourir, c'était de savoir comment nous nous étions, les uns et les autres, réalisés.

Une semaine avant de mourir – il était très mal déjà –, il a voulu boire du champagne. J'ai trouvé cela magnifique, grandiose. Il a tenu à nous souhaiter quelque chose de beau, de joyeux, de léger. Ce n'était qu'un au revoir, il y aurait des retrouvailles, et il ne fallait pas pleurer ni le retenir mais le laisser partir. C'était son *libera me.*

Ma mère, mes frère et sœurs ont été choqués par cet ultime tête-à-tête avec mon père. Ils n'ont pas compris. Je me suis souvenu qu'ils me disaient parfois : « Tu as de la chance de pouvoir parler avec Papa, nous, il ne nous dit rien, ou rien d'intéressant. » Je pensais en moi-même : « Il faut surtout savoir écouter. Il y a des choses que vous considérez comme des lubies, mais qui sont d'une profondeur, d'une signification extraordinaires. »

J'ai dirigé un opéra du compositeur italien Fabio Vacchi, *Il Letto della storia*, sur un livret de Franco Marcoaldi, qui parlait de la façon dont on voit sa vie et dont on la raconte, dont on sait écouter l'autre et percevoir les choses, et qui fait que la vie prend un sens alors même qu'elle pourrait rester banale. J'aime beaucoup cette idée que *Tutto è nel racconto.*

Je n'ai finalement rien à reprocher à mes parents. De plus loin, je les admire encore davantage.

5.
FEMME DEVANT L'ORCHESTRE

Pendant mes études au conservatoire du Mans, le directeur m'a envoyée à Paris me perfectionner auprès du chef d'orchestre Eugène Bigot. C'était les dernières années de sa vie. Je me rendais chez lui un après-midi tous les quinze jours. Il me transmettait son savoir, nous passions notre temps à étudier une symphonie de Beethoven ou une œuvre française dont il m'enseignait les traditions.

Et puis, de mon propre fait, à 18 ans, je suis allée à Besançon passer le concours de jeunes chefs d'orchestre – concours où j'ai été finaliste. À la suite de cela, je me suis présentée au Conservatoire national supérieur de musique de Paris. J'ai eu la chance d'y être reçue première sur vingt candidats (il n'y avait que deux places) dans la classe de Manuel Rosenthal, qui fut un maître remarquable. Lui aussi, comme mon premier professeur de violon, était un enseignant passionné et un ennemi de la tiédeur.

Au début, j'étais la seule femme de la classe. Avant même de m'avoir entendue diriger, il a tout fait pour me dissuader, très sincèrement convaincu des difficultés que j'allais rencontrer. Pourtant, après avoir testé ma détermination, il m'a fait travailler, beaucoup, et avec une attention dont je lui suis reconnaissante. Cela a été une période à la fois difficile et exaltante. Au bout de trois ans, je suis sortie du Conservatoire avec un Premier Prix, et « première nommée ».

Il faut dire que la chance m'avait servie. Le premier disque que mes parents avaient acheté était *La Mer*, de Claude Debussy, dirigé par Désiré-Émile Inghelbrecht. Au cours de musique de chambre du Mans, j'avais joué la *Sonate pour piano et violon*; et au cours d'histoire de la musique, j'avais analysé le *Quatuor à cordes*. Quand j'ai commencé à étudier *Pelléas et Mélisande*, et ensuite les *Œuvres symphoniques*, dans la classe de Manuel Rosenthal, j'étais donc dans un paysage musical que je connaissais depuis toujours.

Notoriété, encore : avec mon Premier Prix de direction d'orchestre, j'ai eu droit à la une de *France Soir* : en grand, une photo de Neil Armstrong et un titre, « Un homme a marché sur la Lune ! » et, en plus petit, en bas à droite, ma photo accompagnée de cette exclamation journalistique : « Une femme a dirigé un orchestre ! » Plus tard, en évoquant rétrospectivement cette page lors du discours pour mon titre de docteur *Honoris Causa* à l'Université catholique de Louvain, avec Jorge Semprun et Wim Wenders, j'ai plaisanté (à moitié) en disant que ce n'était pas « un petit pas pour l'Homme et un grand pas pour l'Humanité » mais « un grand pas pour la Femme, un petit pas pour l'Humanité ».

C'est vrai que dans ces années-là, une toute jeune fille qui dirige un orchestre constituait un événement extrêmement rare. Et problématique. J'allais en faire l'expérience. Jusque-là, le fait d'être une femme n'avait pas été un obstacle : ma situation d'élève avait toujours été privilégiée. Et je n'avais aucune idée des problèmes que cela pouvait poser. J'ai vite appris.

Je n'oublie pas la première fois que j'ai participé à un cours international de direction d'orchestre en Italie, à Sienne, avec le maestro Franco Ferrara. Je devais avoir 17 ou 18 ans, j'avais passé une audition, j'avais été sélectionnée, on m'avait accordé une bourse, et le maestro m'avait appréciée. À cette époque, les filles mettaient des jupes et rarement des pantalons. Je suis donc arrivée en jupe, dans un cours où il y avait principalement des jeunes Italiens ! Je monte sur l'estrade, je commence à diriger, tous les garçons viennent se mettre au premier rang, et la première chose que me dit Franco Ferrara au bout de dix minutes de direction : « Mademoiselle, écartez moins les jambes quand vous dirigez ! »

Après ça, le pantalon et la tunique noire, longue et où on ne voit ni la taille, ni les fesses, ni les seins, de façon à ce qu'on oublie le corps, se sont imposés à moi. Je faisais tout ce qui était en mon pouvoir pour que l'œil du spectateur ne soit pas distrait et qu'on se concentre sur mon interprétation musicale. Aujourd'hui encore, quand je vois des jeunes femmes chefs d'orchestre qui arrivent avec des pantalons moulants et des vestes courtes, je leur dis : « Mais enfin, quand on est une femme qui veut être chef d'orchestre, bien sûr on reste femme, mais on n'est pas là pour faire une exhibition de son corps. » D'une certaine façon, c'est un être androgyne qui doit diriger.

Un peu plus tard, entre 26 et 28 ans, je participais à une émission sur France Musique dans laquelle j'étais interviewée par Philippe Caloni sur un des opéras que j'étais en train de diriger. Au milieu d'un discours assez élaboré sur la musique, il me regarde et murmure à l'antenne : « Chers auditeurs, nous sommes à la radio, quel dommage, parce que si vous la voyiez en plus, vous seriez, comme moi, séduits parce qu'elle est... » – et il se met à parler de mon physique. J'étais furieuse. J'ai très mal réagi, allant même jusqu'à quasiment l'injurier à l'antenne : « M. Caloni, vous ne vous permettriez pas de parler du physique d'un homme, vous ne lui parleriez pas de ses cheveux et de son nez, ni de sa bouche et de ses yeux. Je trouve cela grossier et insultant. Cela n'a rien à voir avec ce dont on parle. » Éberlué, choqué, il a aussitôt passé un disque et on ne s'est plus dit un mot jusqu'à la fin de l'émission.

À cette époque, l'idée que diriger c'est aussi entraîner, donc séduire, emmener, convaincre, ne m'effleurait même pas. Je voulais être aimée pour ma personne quand il s'agissait de ma famille – c'est ce que je répétais à mes frère et sœurs – et, dans le travail, pour mes qualités professionnelles. Je n'avais pas compris que les deux aspects forment un tout et que dans le métier de chef d'orchestre il n'y a pas seulement la technique, les connaissances musicales et la pédagogie, mais aussi le charme d'une personne.

Dans les contes, les princes et princesses se présentent parfois sous des apparences affreuses avant de se révéler vraiment. Moi, c'était un peu comme ça : j'avais envie de prendre un vilain aspect et que ce soit pour mes seules qualités professionnelles qu'on fasse mon éloge. Pour ce faire, j'étais volontiers insupportable ou même méchante.

Je me disais : « J'ai du talent, on doit le reconnaître sans mon physique et sans ma gentillesse. » Je m'interdisais donc d'être gentille et séduisante. C'était viser à une pureté absolue, incroyable ; c'était surtout totalement à côté de la plaque mais je réagissais ainsi. Se montrer délibérément laide et plutôt désagréable pour être aimée de façon plus authentique. Diable !

Il est vrai que j'avais été mariée deux années durant au frère d'une grande amie musicienne et qu'il m'avait dit un soir, avant un concert : « Tu verras, quand tu seras plus âgée, que tu n'auras plus ton joli sourire, ta carrière s'arrêtera. » Cela n'arrangeait pas les choses. En aucune façon. Par réaction, j'ai tout focalisé sur mon désir de carrière. Le reste passait après. Ma vie privée n'était pas satisfaisante mais comme l'intendance, elle devait suivre. C'était une autre sorte de revanche, plus vraiment « sociale », cette fois, mais féminine. Je ne voulais pas qu'on m'apprécie « parce que j'étais une femme ». Et d'ailleurs, quand je dirigeais, c'était le seul moment où je me sentais vraiment bien dans ma peau, où il n'y avait plus ces angoisses, ces malaises.

Je n'étais plus la femme, mais « la » chef d'orchestre.

6.
DANS LA FOSSE AUX LIONS

En commençant à diriger des orchestres, j'ai découvert que le monde de la musique n'était pas le Jardin d'Éden que j'imaginais. C'est un monde dur, un monde de compétition, de rivalités, de pouvoir. La petite fille du Mans ne s'en doutait pas. J'avais bien compris, dès le début de mes études au conservatoire du Mans, qu'il existait des clans parmi les professeurs : ceux qui venaient chaque semaine de Paris, avec un léger sentiment de supériorité, et leurs collègues, issus du « cru ». J'avais vu également qu'il existait une hiérarchisation implicite des instruments eux-mêmes. Les instruments nobles, le « violon roi », les cordes en général, nourrissaient un certain mépris à l'égard de la famille des vents, plus particulièrement celle des cuivres. Ces derniers avaient d'ailleurs, le plus souvent, une origine sociale moins élevée, comme mon père.

Mais c'est quand on arrive sur le « marché du travail », comme on dit, que ces choses se révèlent vraiment. Surtout quand on est une femme. Pendant les études, ce n'est pas désagréable pour le professeur d'avoir dans la classe une jeune fille chef d'orchestre – ça l'amuse, ça lui fait plaisir, en plus il en est un peu amoureux –, la condition féminine n'est pas un désavantage. On est plutôt cajolée. Après, c'est une autre paire de manches. Les places sont chères et les hommes chefs d'orchestre vivent très mal l'arrivée d'une femme dans le métier. Au fond, cela remet des tas de choses en question pour eux. Je pense à cette sempiternelle question de la virilité. Si une femme est capable de faire ce qu'ils font face à l'orchestre, cela signifie qu'ils ne sont pas aussi puissants qu'ils l'imaginaient. Je me suis brutalement trouvée confrontée à ce problème. Paradoxalement, quand il y avait dans l'orchestre des instrumentistes femmes qui étaient aussi épouses de chefs d'orchestre, c'était elles les plus agressives à mon égard. Instinctivement, elles défendaient la virilité de leurs hommes…

Les hommes chefs d'orchestre, à quelques exceptions près, se sentent remis en cause dans leur identité par l'accession des femmes à ce métier, avec toute la symbolique qui y est attachée depuis l'origine : la queue-de-pie déjà (que je ne porte plus mais que j'ai portée, à une époque) et bien sûr la baguette, objet phallique que l'on tient à la main. Ce sont des choses qui comptent ! À mes débuts, je dirigeais volontiers avec baguette, maintenant, cela m'est complètement égal. J'aime sculpter le son de l'orchestre à mains nues. La baguette me reste nécessaire à l'opéra car elle amplifie le geste. Avec la distance, les chanteurs qui sont sur scène ont besoin de cette clarté indicative de la baguette.

Pour Elias Canetti, « Il n'est pas d'expression plus concrète de la puissance que l'activité du chef d'orchestre ». De son côté, Herbert von Karajan disait volontiers qu'avant d'être le chef et le directeur musical, il était le père. Symboliquement, le chef d'orchestre incarne ainsi le pouvoir, la puissance sur une communauté de musiciens. Il domine par sa position debout, quand tous les musiciens sont assis ; par sa solitude au-dessus de tous grâce au podium sur lequel il est juché ; par sa baguette, qui impose le tempo ; enfin par la partition complète de l'œuvre qu'il est seul à pouvoir lire, ou mieux encore, à connaître par cœur.

Selon Hermann Scherchen, les gestes du chef d'orchestre ont deux fonctions : assurer le déroulement métrique de l'œuvre, la précision de l'exécution, et libérer ses forces expressives et dynamiques. Le bras droit, contrôlé par l'hémisphère gauche de notre cerveau, tient la baguette, « bat la mesure », c'est le bras de la raison, de la précision ;

le bras gauche, contrôlé par l'hémisphère droit, indique les nuances, l'expression, le phrasé, c'est celui du cœur, de la sensibilité.

« Dans une large mesure, a écrit Charles Munch, la main gauche doit ignorer ce que fait la main droite. L'indépendance des bras d'un chef d'orchestre permet d'évaluer l'importance qu'il attache à la traduction sensible de la musique. Cette main gauche conjure l'orchestre, lui signale que telle phrase doit être plus émue, plus vibrante, plus ample, plus discrète, plus douce. Chaque chef finit par avoir à sa disposition toute une gamme de gestes qu'il estime efficaces, pour exprimer les fluctuations de son cœur. [...] C'est la souplesse du geste qui compte, et il doit y avoir autant de nuances dans les déplacements du bras que dans la musique[1]. »

On imagine les problèmes particuliers que peut poser cette fonction quand c'est une femme qui l'exerce. Cette question de virilité est omniprésente, même si personne n'en parle. J'en ai fait l'expérience, à mes dépens. Quant aux rivalités, lot quotidien de ce métier, elles n'opposent pas seulement entre eux les chefs d'orchestre drapés dans

1. Charles Munch, *Je suis chef d'orchestre*, Paris, Éd. du Conquistador, 1954, p. 81-82.

leur ego et soucieux de leur carrière. Elles habitent les rapports que le chef, surtout quand c'est une femme, entretient avec les musiciens. Ce sont – aussi – des rapports de pouvoir. Ils peuvent être violents. À la réflexion, je le comprends mieux maintenant.

Quand vous êtes musicien, que vous avez disons quarante-cinq ans, et que vous êtes tout d'un coup dirigé par une femme, plus jeune que vous de surcroît, ce n'est pas évident. Au départ, c'est vrai, j'étais totalement inexpérimentée et souvent maladroite. Beaucoup de musiciens autour de moi avaient déjà joué sous la baguette de chefs renommés qui avaient une grande humanité, un grand savoir-faire, et ils estimaient que ce n'était pas à eux de m'apprendre mon métier. Comme je n'étais ni très sûre de moi ni très habile psychologiquement dans la façon d'obtenir les choses, je provoquais des conflits à répétition. Mais je ne renonçais pas.

Je me souviens, à l'Opéra de Lyon, avoir traversé la fosse d'orchestre les larmes aux yeux pour diriger des musiciens qui, sur mon passage, me disaient des choses désagréables et même carrément agressives. D'autres fois, sciemment, l'orchestre ne donnait pas son maximum ou créait des difficultés. Je pense au timbalier et au violon solo qui sont les personnages clés de la réussite, ou de l'échec, d'un chef d'orchestre.

Peu à peu, de répétition en répétition, j'ai mieux compris comment un chef devait s'y prendre avec ses musiciens pour obtenir le meilleur résultat. Charles Munch l'explique d'ailleurs bien : « Il [le chef d'orchestre] ne leur fait pas de grands discours. Les musiciens viennent pour jouer, non pour écouter une conférence ou pour assister à une classe d'écoliers. Vous devez dire l'indispensable, en très peu de mots. Les musiciens ont horreur qu'on leur fasse la leçon. Laissez-leur le sens de leur responsabilité, ne les découragez jamais, rendez confiance à ceux qui ont des difficultés, n'insistez pas sur une faute commise, ne les humiliez pas en leur adressant devant leurs camarades des observations vexantes[1]. »

Dès la première répétition, il est important de faire une lecture de l'œuvre avec l'orchestre afin que les musiciens comprennent la conception qui est la vôtre, s'adaptent à votre style et à vos *tempi*. Ensuite, il faut aller plus loin dans les détails, s'attaquer aux passages virtuoses ou délicats pour chaque groupe d'instruments. Le chef doit être vigilant, il ne doit rien laisser passer et faire reprendre les

1. Charles Munch, *op. cit.*, p. 71.

passages problématiques autant de fois que nécessaire, même si les musiciens généralement n'aiment pas beaucoup cela.

La palette des nuances est subtile. Un *diminuendo* est toujours plus difficile à obtenir qu'un *crescendo,* et un départ *pianissimo* dans un tempo lent, extrêmement technique et périlleux. L'équilibre entre les différents plans sonores, les différents groupes d'instruments, est tout un art. Pendant ses répétitions, Claudio Abbado insiste beaucoup sur l'écoute interactive. Il obtient aussi des *pianissimi* incroyables. John Eliot Gardiner base plutôt son travail sur le style, l'intonation et se sert souvent d'images visuelles pour obtenir des couleurs sonores.

Même avec de la pratique, l'exercice reste toujours difficile. C'est à l'Opéra, en 1969, que j'ai découvert la vraie dureté de ce métier. C'était mon premier poste. Je venais d'obtenir mon prix de Direction d'orchestre – celui qui m'avait valu de partager la une de *France Soir* avec les cosmonautes américains !

À Paris, j'avais rencontré Theodor Guschlbauer. Il enregistrait pour la maison de disques *Erato,* où mon mari, à l'époque, était ingénieur du son. J'étais allée l'entendre diriger l'Orchestre de Paris et la *Neuvième Symphonie* de Schubert, j'avais aimé son travail, sa musicalité. C'était un Autrichien, un grand mozartien qui avait travaillé avec Karl Böhm. On commençait à parler de lui, et il venait d'être nommé directeur musical à l'Opéra de Lyon. À l'époque, je n'étais pas du tout sensible au lyrique ni, à vrai dire, à l'opéra. Mes goûts me portaient plutôt vers la musique symphonique et la musique contemporaine. J'avais tout de même été impressionnée par un article de Maurice Fleuret dans *Le Nouvel Observateur,* intitulé « Erlo l'Enchanteur », que j'avais lu à propos du directeur de l'Opéra de Lyon, Louis Erlo, la façon dont il travaillait, sa recherche en matière de mise en scène et sa politique musicale.

Je sortais du Conservatoire, je n'avais que de petits engagements insuffisants pour vivre et, surtout j'avais l'impression d'avoir tout à apprendre. Je suis donc allée voir Theodor Guschlbauer à Lyon, et nous avons longuement parlé. Je lui ai demandé à brûle-pourpoint si je pouvais devenir son assistante. Il m'a répondu que ce n'était pas lui qui décidait mais qu'il en serait très content et qu'il allait plaider en ma faveur.

J'ai pris rendez-vous avec Louis Erlo, le directeur de l'Opéra de Lyon. J'ai eu la chance d'être engagée immédiatement comme assistante, mais sur un poste budgétaire de choriste, avec un salaire équivalent au Smic.

C'était très peu au vu de mes diplômes, mais j'ai accepté sans hésitation. J'ai donc commencé comme assistante du directeur musical Theodor Gushlbauer.

Louis Erlo et lui ont été pour moi de précieux alliés. Ils m'ont beaucoup aidée. Il est vrai que j'en avais bien besoin. L'autre directeur musical, Serge Baudo, n'appréciait pas du tout ma présence et abondait systématiquement dans le sens de l'orchestre quand celui-ci manifestait son déplaisir d'être dirigé par une femme. Par chance, j'étais obstinée !

Pendant sept ans, entre 1974 et 1981, j'ai quitté ma fonction à l'Opéra de Lyon pour devenir directrice musicale de l'Orchestre de Chambéry. Je me sentais cette fois très autonome. J'ai donc essayé de mener, sur place, une vraie politique musicale, en mettant à profit ce que j'avais appris à l'Opéra de Lyon. Je pense notamment à la programmation, aux rencontres avec les associations et les comités d'entreprise, aux concerts dans les prisons, dans les entreprises, les maisons pour personnes âgées ou les villages de montagne. Il y avait beaucoup à faire. J'avais un orchestre d'une vingtaine de musiciens. C'est une période que j'ai vraiment aimée.

Puis je suis revenue à l'Opéra de Lyon, cette fois en tant qu'assistante de John Eliot Gardiner. Il n'avait pas encore le prestige et la notoriété qui sont les siens aujourd'hui. Il faisait ses débuts comme directeur musical.

C'était un immense musicien et pédagogue. Les répétitions avec lui étaient passionnantes mais pas forcément agréables. À son sujet, le chef d'orchestre Simon Rattle que j'ai rencontré plus tard à Glyndebourne m'a dit, en s'exclamant : « *You were the assistant of Gardiner during six years! And you survived!* » [Vous avez été assistante de Gardiner pendant six ans, et vous avez survécu!] Il faut dire qu'il était habité par une inquiétude permanente. Nous étions tous à son service et l'admirions sans réserve mais, malgré cela, il s'imaginait toujours qu'on tramait un complot contre lui pour lui ôter je ne sais quelle prérogative. En réalité tout le monde se réjouissait qu'il soit directeur musical de l'Opéra de Lyon. Disons que son propre ego l'encombrait! Il fallait qu'il soit la star, il n'aimait pas qu'il y ait, dans les distributions, des chanteurs plus réputés que lui et qu'il trouvait donc moins souples, moins disponibles. Du coup, il n'était pas très ouvert sur les recherches de mise en scène. Dans la préparation d'une œuvre, il arrivait au dernier moment et se préoccupait surtout que les chanteurs le regardent lui! C'était un grand angoissé.

Ainsi ai-je continué de faire mes débuts, si j'ose dire, avec ce musicien talentueux mais qui était aussi un homme difficile, parfois « coriace » avec l'orchestre. Lors des répétitions, il pouvait se montrer cruel, extrêmement dominateur et ironique. Tout naturellement, je me suis convaincue qu'il fallait être comme cela dans ces postes-là. Je cherchais encore mes références et mes modèles, et je n'en avais aucun de féminin. J'ai eu tendance à me comporter comme Gardiner. Ce n'était pas si simple.

C'était même terrible. J'étais angoissée et, du même coup, je me montrais terriblement égocentrique, distante, agressive même. En vérité, j'étais surtout terrifiée et anxieuse du défi permanent que représentait ce métier. À l'époque, je me faisais du chef d'orchestre une idée totalement traditionnelle pour ne pas dire archaïque et, en tout cas, « disciplinaire ». Avec John Eliot Gardiner pour modèle, je l'ai dit, je m'étais convaincue qu'il n'y avait pas de talent sans tyrannie.

Pour moi, c'était aussi une façon de me défendre contre les réactions « machistes » auxquelles j'ai eu droit, notamment sur le fait que je devais plus ma réussite à mon physique qu'à mes dons de musicienne. Cela m'était insupportable. Alors je surréagissais. Je m'appliquais à répondre à ces agressions en niant tout ce qui pouvait venir de ma féminité. J'ai refusé la douceur, j'ai refusé toute idée de charmer. J'avais déjà renoncé à être coquette après l'épisode du concours italien. À présent, j'étais persuadée que, pour être vraiment reconnue comme musicienne, je devais renoncer à être une femme.

Alors, très logiquement, je me suis forgé la réputation d'être tyrannique, et pinailleuse. Je mettais sans cesse de la distance. En refusant toute familiarité et toute douceur, je me protégeais. Dans mon esprit, il y avait d'un côté les dominés et de l'autre ceux qui commandent. Je ne me mêlais pas à l'orchestre. Il n'y avait pas d'amitié avec les gens que je dirigeais. Les revers que j'ai connus, les gifles que j'ai reçues, tout cela m'a conduite peu à peu, bien plus tard, à me remettre complètement en question, avec la découverte de la spiritualité orthodoxe et l'adoption de mes enfants. J'y reviendrai.

Au bout du compte, je suis restée près de trente années à Lyon. Avec la distance, les bons souvenirs chassent peu à peu les mauvais. Malgré toutes les difficultés, ces années ont été riches en innovations, en créations, au sein d'une équipe plus large et plus diverse que l'orchestre lui-même. Il y a eu des metteurs en scène, des dramaturges, des éclairagistes, des décorateurs, des costumiers. J'ai beaucoup aimé travailler avec eux. C'est vraiment à l'Opéra de Lyon que j'ai été formée.

7.
UNE PETITE FLÛTE ENCHANTÉE...

Une chose est sûre : quand j'ai commencé à l'Opéra de Lyon, on m'a fait diriger tout ce que les autres chefs ne voulaient pas diriger – ce qui n'était pas forcément rentable pour eux –, par exemple les œuvres contemporaines.

Quand on dirige une création, c'est rarement repris. Cela implique donc un gros investissement de travail pour une, deux, trois, dix représentations maximum. Par comparaison, quand on mémorise une *Symphonie* de Beethoven ou de Mahler, on sait que pendant plusieurs décennies on pourra l'exploiter. De plus, une œuvre contemporaine exige du temps, c'est ardu, ce n'est pas ce qui plaît spontanément au public. Il faut donc un certain courage pour entreprendre ce travail, et pour jouer ensuite dans des salles à moitié vides, alors qu'avec Beethoven ou Mahler, on a la garantie d'être ovationné dans une salle comble. Bref, si l'on ne peut pas affirmer qu'il y ait des champs explicitement réservés aux femmes, disons que pour ce champ-là, les hommes ne se battent pas. D'ailleurs actuellement, la seule femme directrice d'un orchestre permanent en France – Susanna Mälkki – est à la tête de l'Ensemble intercontemporain, dédié, comme son nom l'indique, à la musique contemporaine.

Un autre genre était un peu méprisé par les hommes chefs d'orchestre : l'opérette. À mes débuts à Lyon, on m'a donc fait diriger des opérettes avec Georges Guétary, Marcel Merkes et Paulette Merval. J'ai essayé de le faire le plus correctement possible et, au fond, j'en ai retiré quelque profit pour mon métier. Je me suis notamment familiarisée avec les changements de rythmes : comme passer du jazz au tango, puis à la valse, toutes choses qu'on n'apprend pas au conservatoire et qui réclament de l'adresse et un sens du rythme. Pour dire la vérité, cela ne m'emballait pas vraiment, mais bon – j'apprenais !

À côté de la musique contemporaine et des opérettes il y avait les œuvres pour le jeune public. Là aussi, il s'agissait d'apprendre. J'ai commencé à travailler avec des opéras chantés par la salle. Pendant une heure et demie, je pouvais initier les enfants à des mélodies assez faciles et rythmées qu'ils reprenaient en chœur. Il s'agissait de petits opéras minute composés par Malcolm Williamson, accompagnés par un orchestre assez réduit mais qui était, lui, bien préparé. À la période d'apprentissage succédait l'exécution.

J'ai eu l'occasion d'aller plus loin dans cette voie, à la suite d'un grand chanteur, le ténor Éric Tappy, qui avait créé l'opéra-studio de l'Opéra de Lyon. À son départ, avec Jean-Pierre Brossmann, le directeur artistique, nous avons fait évoluer cet opéra-studio pour en faire un véritable atelier lyrique qui devenait aussi un centre de productions. L'atelier lyrique réunissait une troupe de jeunes chanteurs, entre environ 18 et 30 ans, qui avaient achevé leurs études supérieures de chant mais n'étaient pas encore dans la vie professionnelle. Avec des master classes et des cours de perfectionnement, on leur permettait de participer à des productions destinées au public sans être toutefois exposées dans des programmes de prestige.

Parallèlement, avec l'aide de Brigitte Hédouin, mon administratrice, j'ai créé, en accord avec l'Éducation nationale, un chœur d'enfants en horaires aménagés. Les enfants passaient la matinée en études générales et l'après-midi en cours de musique au sein de l'Opéra. Cours de solfège, piano, chant choral, technique vocale en cours particulier : on enseignait aussi la méthode Feldenkrais (méthode globale de décontraction profonde et de mobilisation du corps en pleine harmonie, utilisée pas seulement pour le chant mais aussi dans le sport). Ils avaient droit également à des cours de théâtre et participaient surtout à des productions scéniques. J'ai vraiment aimé m'investir dans cet enseignement.

Avec une troupe de jeunes chanteurs et une chorale d'enfants en horaires aménagés – je travaillais en plein accord avec le recteur d'Académie –, avec aussi les professeurs de musique des écoles, on allait dans les classes pour préparer les enfants, leur expliquer les œuvres afin qu'ils sachent à quoi ils allaient assister. On leur apprenait à reprendre eux-mêmes certaines parties de l'opéra qu'ils venaient voir. Parfois, en dirigeant, je me retournais vers eux et la salle entière participait, chantait un passage. En général, les enfants étaient loin d'être passifs.

Mon expérience la plus mémorable, ce fut avec *La Flûte enchantée* de Mozart. Nous avions appelé la nôtre : *Une Petite Flûte enchantée*... Avec Louis Erlo, nous avions fait appel à Myriam Tanant, écrivain, dramaturge, metteur en scène, qui avait collaboré avec le metteur en scène Georgio Strehler et enseignait le théâtre italien à la Sorbonne – et qui participera avec moi à d'autres aventures passionnantes de l'Opéra de Lyon. À trois, nous avons osé traduire la partition en français, puis la raccourcir. Nous en avons fait une traduction simplifiée.

Tout en restant fidèles au contenu, nous voulions que le texte parle vraiment aux enfants. J'ai réalisé une orchestration pour quinze musiciens, et nous avons réduit la durée de l'œuvre à 1 h 50. Nous nous préparions à l'idée que la critique allait nous massacrer, tout en nous disant : « Tant pis, on le fait pour des enfants qui ne connaissent pas la musique européenne ; et puis, la signification de *La Flûte enchantée* – cette initiation de deux jeunes couples (Tamino-Pamina et Papageno-Papagena) –, est tellement formatrice !

Notre ambition était d'amener progressivement de jeunes chanteurs (ceux de L'atelier lyrique) et des enfants (ceux de la maîtrise), à découvrir et à endosser de grands rôles du répertoire de l'opéra, en les familiarisant au fonctionnement d'une cellule de production. Il s'agissait aussi d'initier un public jeune et nouveau aux codes et conventions du théâtre lyrique en lui offrant une traduction française qui lui permette de suivre pas à pas l'histoire, le cheminement des personnages, le déroulé des épreuves que doivent subir les héros, Tamino/Pamina et Papageno/Papagena. Nous avions choisi volontairement un style de traduction assez libre, proche du langage de cour de récréation et qui avait pour les enfants plus de résonances qu'un discours philosophique. (Par exemple, au finale de l'Acte I : « Tu peux trouver la force en toi, sois ferme ! Garde le silence ! Poursuis ta voie, bref, sois un homme ! » ; ou encore, au finale de l'Acte II : « Attends, attends, attends, oh ! Papageno, tu es fou ! On ne peut vivre qu'une fois, c'est tout. ») Nous avions soigné la prosodie, c'est-à-dire la corrélation entre les accents toniques du texte et les temps forts de la musique, la couleur des mots et leur vocalité. Un vrai travail de fond fut accompli sur cette production qui nous demanda six bons mois de répétitions.

Les écoles venues assister au spectacle avaient appris le chœur des esclaves du finale du premier acte, accompagné par le glockenspiel* : « Ah quelle merveille, une musique pareille ! Larala larala ! Elle nous tourne la tête et nous rend heureux ! » Quand je me retournais pour donner un signal de départ, c'était émouvant d'entendre la salle entière chanter en suivant l'histoire. Tout cela avait été rendu possible par une étroite collaboration avec les enseignants, auxquels nous avions remis des dossiers pédagogiques. Nous avions également rendu visite à de nombreuses écoles pour établir une relation privilégiée

---

* Les termes propres à la technique musicale sont marqués d'une astérisque et expliqués dans un lexique en fin de volume (page 233).

avec les enfants : ce spectacle était le couronnement de leur apprentissage.

On a commencé par donner une répétition à Vaulx-en-Velin, dans le gymnase d'un collège des Mas-du-Taureaux (un collège en ZEP, réputé pour avoir brûlé des voitures de professeurs, etc.). On l'a fait avec la complicité d'enseignants et du directeur de l'établissement sans laquelle l'expérience aurait été impossible. Les professeurs en question ont été formidables. Ils ont pris du temps sur leur temps personnel. Six mois avant notre arrivée, ils ont commencé à préparer ces enfants qui n'avaient jamais fait de musique et ont pourtant réussi à jouer, sur une flûte à bec, les airs de Papageno. Ils ont d'ailleurs appris la totalité de l'histoire. On a finalement organisé une répétition générale, en costumes, avec quelques éléments de décors.

Les grands prêtres autour de Zarastro étaient interprétés par des enfants, qui posaient à celui-ci des questions impertinentes (« Ton prince, t'es sûr qu'il va y arriver ? », « Va-t-il tenir sa langue ? », etc.). Le langage était simple, direct, mais il correspondait exactement au sens du livret. Assis par terre, les enfants ne bougeaient pas. Ils étaient fascinés. Certains avaient de grosses larmes qui coulaient sur leurs joues – par la suite, beaucoup voulurent entrer à la maîtrise de l'Opéra de Lyon.

Les Autrichiens, spécialistes de Mozart, sont venus voir notre *Petite Flûte* et ont trouvé le spectacle remarquable, tout à fait dans l'esprit du compositeur qui avait créé son œuvre pour les faubourgs de Vienne, en allemand, la langue nationale, afin que les gens simples la comprennent ! (Jusque-là, dans toute l'Europe, c'est la langue italienne qui prédominait pour l'opéra.) On a représenté cette production cent cinquante fois, à l'Opéra de Lyon et à l'Opéra comique de Paris. On nous l'a demandée un peu partout dans le monde – aussi bien aux États-Unis qu'en Amérique du Sud, au Portugal et même à Zagreb. Hélas, nous n'avons jamais eu le temps de faire le travail de traduction. Nous étions trop pris les uns et les autres. Je le regrette encore.

Tout cela avait du sens. L'histoire qui se raconte dans *La Flûte enchantée* transmet des messages de fraternité et parle des épreuves qui jalonnent toute vie. Avant de pouvoir se retrouver, le couple doit franchir de nombreux obstacles : le temps, le silence, la séparation, le manque... Bref, on est au-delà de la musique proprement dite. Même du côté de la franc-maçonnerie, particulièrement attentive à cet ouvrage de Mozart (franc-maçon lui-même) et dont les clés de lecture sont aussi les épreuves – de l'eau, du feu – des loges franc-maçonniques, les échos ont été très favorables. Aucune des personnes engagées dans le projet n'avait de liens maçonniques et, au début, nous étions tous passablement inquiets. La suite a montré que nous avions tort.

En fait, au sens strict, il y avait bien une dimension « initiatique » dans cette entreprise. Il s'agissait de familiariser les enfants à la musique et à l'opéra. Le langage lyrique est une convention dans laquelle on ne peut pas entrer si l'on n'a pas été préparé. Et au-delà, bien sûr, cette initiation avait le mérite d'apprendre aux enfants à entendre un langage tout autre.

Par chance, la presse s'est montrée positive. Les journalistes n'ont pas eu le sentiment que nous commettions un sacrilège à l'égard de Mozart. Il est vrai que nous avions pris le soin de titrer notre création *Une Petite Flûte enchantée...* C'était explicite.

Détail amusant – et pour moi bouleversant : mon fils José a joué dans cette *Petite Flûte.* Non seulement il a chanté dans les chœurs – on avait remplacé les chœurs d'adultes par des chœurs d'enfants – mais il a joué l'un des enfants initiateurs. (Dans la *Flûte*, il y a trois enfants, qu'on appelle les Trois Génies, ceux qui guident Tamino vers Zarastro et empêchent Pamina de se suicider quand elle croit que Tamino ne veut plus d'elle.) Plus tard, quand on a monté *La Flûte enchantée* en allemand, dans sa version intégrale, il m'a dit : « C'est quand même incroyable cette *Petite Flûte enchantée...*, tu avais coupé tout ce qu'il y a de mieux ! Moi je préfère la *Flûte* en allemand et dans son intégralité. » Je lui ai répondu : « José, puisque tu ne parles pas allemand, si tu n'avais pas d'abord appris tout ce que signifie le texte comme tu l'as fait grâce à notre *Petite Flûte*, tu n'aurais pas été en mesure d'apprécier, en écoutant la version intégrale, les subtilités de la relation entre le texte et la musique. »

À l'Opéra de Lyon, nous étions très attentifs à la diction des textes chantés. Trop souvent, les gens vont se bercer à l'opéra sans saisir une seule parole. Il y a même des sous-titres pour les œuvres en français, comme si la technique vocale était incompatible avec la compréhension du chant. Et le vrai beau travail qu'on essayait de faire consistait à veiller à ce que tout le texte chanté soit compréhensible. Ce n'est pas si courant à l'opéra.

Plus je repense à cette période, plus je suis convaincue que ce travail avec les enfants a été pour moi un irremplaçable chemin de traverse. Pour la débutante que j'étais encore, cela a donc représenté aussi une initiation. Quand il est en pleine carrière, un chef d'orchestre n'est généralement pas – ou plus – concerné par ces domaines-là.

Même Claudio Abbado, quand plus tard je lui ai raconté l'expérience, m'a signifié qu'il n'en voyait pas l'intérêt. Selon lui, il fallait donner Shakespeare dans le texte, Mozart dans le texte. Pour le reste, on n'avait qu'à former les enfants dans les écoles. Notre *Petite Flûte enchantée* m'a obligée à mettre les pieds dans la boue et les mains dans le cambouis, comme on dit. Au final, ce chemin de traverse fut riche d'enseignement.

8.
UN UNIVERS IMPITOYABLE ?

L'obligation où je me suis trouvée d'emprunter ces « chemins de traverse » montre bien que l'univers de la musique n'est pas particulièrement doux, surtout pour une femme. Certes, au fil de ma carrière – et mis à part les chefs d'orchestre –, j'ai vu la profession de musicien se féminiser rapidement. Cette féminisation passait par le truchement de certains instruments plutôt que d'autres. Elle restait donc tributaire de la composition de l'orchestre. Pour les instruments à vent, elle demeure l'exception, même si on commence à voir des femmes accéder aux postes de cornistes, trombonistes ou trompettistes.

Cela dit, s'il y a de plus en plus de femmes dans les orchestres, elles accèdent surtout à ce que, dans la profession, on appelle le *tutti.* Cette expression désigne à peu près « tout », sauf le poste de chef de pupitre. Les femmes peuvent être, de temps en temps, première flûte mais plus souvent seconde flûte. On connaît actuellement quelques magnifiques femmes violon solo, mais elles restent des exceptions. On est encore loin de la parité aux postes de responsabilité, du moins dans les grands orchestres parisiens. En province, c'est un peu différent. On y gagne beaucoup moins d'argent (il y a moins de possibilités de diversifier ses revenus par des cachets supplémentaires), et les femmes y sont donc plus nombreuses.

Une chose est malheureusement certaine : il n'existe toujours pas assez de solidarité féminine. Car paradoxalement, je l'ai dit, les femmes elles-mêmes, autant que les hommes, ne se montrent pas très favorables au fait d'être dirigées par une autre femme. J'ai constaté plusieurs fois que le fait d'être une femme représentait encore un sérieux handicap pour accéder à la direction d'orchestre. Il y a une vingtaine d'années, j'avais été confrontée au machisme sans complexe des musiciens autrichiens. Mais j'ai rencontré à nouveau un problème du même ordre en 2005 à Paris. C'est bien la preuve que les choses n'ont pas beaucoup évolué.

Au Châtelet, à l'occasion de la représentation de l'opéra de Patrick Burgan, *Peter Pan*, il était prévu que je dirige cette série de spectacles avec l'Orchestre philharmonique de *Radio France*. Tout avait été mis en place entre le directeur général Jean-Pierre Brossmann et le manager de l'orchestre. On avait adapté les dates du Châtelet à mes libertés et surtout, pour être sûr de l'avoir, à celles de l'Orchestre philharmonique, lequel jouait souvent pour les représentations au Châtelet car celui-ci n'a pas d'orchestre permanent. C'était un échange de bons procédés entre *Radio France* et le Châtelet.

Quelques mois après cette mise en place, le manager de l'orchestre téléphone à Jean-Pierre Brossmann : « On veut bien faire cette série, mais pas avec Claire Gibault. » Brossmann lui demande ce qu'ils ont à me reprocher : « Pourquoi elle ? Ça ne va pas plaire à l'orchestre... » Brossmann argumente : « Mais elle est tout indiquée pour ce projet destiné au jeune public, pour lequel elle a déjà fait beaucoup de choses. Y participeront toutes les chorales de l'Académie qu'elle a préparées. C'est d'ailleurs un projet qu'elle a conçu elle-même avec l'inspectrice d'Académie. Bref, elle a fait ses preuves un peu partout, pourquoi ne voulez-vous pas d'elle ? » Le manager rétorque : « Moi, je vous propose un autre jeune chef. » Brossmann dit : « Non ! C'est la première fois que vous refusez mon choix, et sans raisons valables ! » Le manager tranche : « Dans ce cas-là, je retire l'Orchestre de *Radio France.* » Jean-Pierre Brossmann a encore insisté : « Enfin, je ne lui propose pas de diriger la *Tétralogie.* Il s'agit d'un opéra, d'une création (elle fait des créations en permanence), un spectacle pour le jeune public. Il n'y a aucune raison que je cède ! Si l'Orchestre de *Radio France* veut se retirer, qu'il se retire, c'est Claire Gibault qui dirigera le spectacle et on trouvera un autre orchestre. »

Au bout du compte, Jean-Pierre Brossmann n'a pas cédé – j'en suis encore très émue –, et on a engagé les musiciens de l'Orchestre de l'Opéra de Paris, avec lesquels je me suis parfaitement entendue. Ils me l'ont bien rendu. Mais l'épisode avait quand même été rude ! Cela m'a valu une grande page avec photo dans *Le Monde* du 22 octobre 2005. L'article, signé par Marie-Aude Roux, était titré : « Les orchestres n'aiment pas être dirigés par des femmes ! » Il a fait un certain bruit. Il est donc avéré que les blocages de cette sorte concernant les femmes musiciennes sont encore fréquents, même s'ils ne sont pas toujours franchement exprimés.

En fait, certains organisateurs de spectacles sont contents de mettre de temps en temps une femme dans leur programmation. C'est comme un alibi. Mais ils craignent quand même qu'elle n'ait pas l'autorité nécessaire ou que cela agace les musiciens. On s'en rend bien compte quand on voit des hommes d'âge mûr – un peu corpulents – au pupitre de trombone, de trompette ou de cor. On peut supposer que, pour beaucoup d'entre eux, ce ne sont sans doute pas leurs femmes qui portent la culotte à la maison... Pour les amadouer, il faut déployer des trésors de charme et de diplomatie.

Mêmes difficultés lorsqu'il s'agit de recruter des musiciens : mises en concurrence avec des hommes, les femmes sont souvent pénalisées. C'est pourquoi elles réclament que les recrutements se fassent derrière un paravent, de sorte qu'on ne sache pas si la personne qui joue est un homme ou une femme (à la manière du *curriculum vitae* anonyme). Le plus drôle, quand cela se passe ainsi, ce sont les consignes qu'on leur donne : « Surtout, ne répondez pas si on vous dit bonjour, ne toussez pas, ne mettez pas de chaussures à talons ! » On leur demande, en somme, de dissimuler leur condition féminine.

Cette procédure se pratique de plus en plus, même si elle n'est pas encore très répandue. C'est en tout cas un progrès. L'une de mes amies, Martine Bailly, qui vient de prendre sa retraite, avait été engagée ainsi, il y a une vingtaine d'années, comme violoncelle solo dans l'Orchestre de l'Opéra de Paris. Pourtant, quand les membres du jury ont découvert que c'était cette petite femme fluette qui avait un son aussi ample et une telle autorité dans son jeu, ils auraient bien aimé casser le concours. Martine Bailly m'a raconté que cela avait été tout de même très dur avec les hommes de l'orchestre (des copains pourtant). Quand elle avait un solo – et à l'Opéra de Paris, pour un solo de violoncelle dans un opéra de Verdi, il faut une grande concentration –, il se trouvait toujours quelqu'un à côté ou derrière elle pour parler, tousser ou bouger une chaise dans le but de la déconcentrer.

Oui, c'est un monde très dur, y compris à l'intérieur des orchestres. Il faut comprendre que les musiciens vivent ensemble pendant des années. On imagine tout ce qui peut se nouer et se dénouer quand, sur de si longues périodes, on est assis à côté de quelqu'un qu'on ne supporte pas !

Quand on dirige, c'est autre chose. Le chef invité, c'est comme un amant de passage. Il n'a pas toute la « conjugalité » de l'orchestre à prendre en charge et n'est donc pas forcément au courant des dissensions entre musiciens. Pour le chef permanent et directeur musical, en revanche, c'est le mariage avec tous : il participe au recrutement des musiciens, et a donc un pouvoir sur la place de chacun dans l'orchestre ; il intervient aussi dans la programmation, le choix des œuvres, des invités (les solistes et les autres chefs). Grâce à ce pouvoir, il peut – c'est très important – imprimer à l'orchestre un style musical et des choix esthétiques. Dans tous les cas, selon le chef qui le dirige, l'orchestre pourra s'orienter de façon plutôt romantique, ou contemporaine, ou baroque, avec des techniques adaptées.

Le chef permanent est donc intégré à la vie sociale de l'orchestre. Il peut recevoir les musiciens un par un. Il a même intérêt à parler avec eux pour connaître leurs problèmes. Ces derniers ne viennent pas toujours des incompatibilités d'humeur ou des inimitiés. Il faut compter également avec les amours qui se nouent et se dénouent. Les tournées, par exemple, sont souvent une occasion d'adultères, qui compliquent la situation. Et là, rien à faire, il faut attendre que cela passe. On ne peut pas demander à un chef de jouer l'assistant social de son orchestre – d'autant que les chefs eux-mêmes ne sont pas les derniers à avoir des aventures personnelles...

Le chef d'orchestre doit également composer avec les syndicats. Ce n'est pas toujours facile. La musique est un univers où la tradition syndicale est très forte. Cela tient en partie au fait qu'il existe une grande disparité de salaires entre le directeur musical et les musiciens – encore que les musiciens soient plutôt bien payés dans l'ensemble. Et puis, comme on est dans le subjectif, les critiques sont difficilement mesurables. Dans le jugement artistique, on est vite à la merci du prince. La menace y est sans doute plus forte qu'ailleurs. Il faut donc poser des règles strictes, définir des limites pour protéger les gens.

J'ajoute qu'il y a des chefs qui abîment les orchestres. Ils deviennent des mégalos, des tyrans, qui peuvent détruire psychologiquement ou techniquement quelqu'un. On imagine mal l'ironie, la grossièreté, la vulgarité ou la méchanceté dont peuvent faire preuve certains chefs, et combien ils sont haïs en retour par les musiciens.

J'ai moi-même été tyrannique et parfois considérée comme « vache ». Pourtant, je ne crois pas avoir jamais eu de paroles blessantes ni avoir dépassé les limites. Les syndicats ne m'ont d'ailleurs jamais fait la guerre. J'étais travailleuse c'est-à-dire exigeante. Or les syndicats aiment surtout les chefs « tranquilles », ceux qui ne bousculent pas trop les musiciens, les laissent partir une demi-heure avant l'heure, etc. Moi, je travaillais jusqu'au bout, et je pinaillais jusqu'à ce que tout soit parfaitement au point. C'est dans ce sens-là que j'étais tyrannique.

À cause de la brutalité de certains chefs, je sais qu'il y a eu, au sein d'orchestres, des tentatives de suicide, et même des suicides effectifs. Entre les musiciens eux-mêmes naissent parfois des inimitiés, voire des haines, et cela ne rend pas les choses faciles quand il s'agit de jouer ensemble. En somme, il faut apprendre à cohabiter. Claudio Abbado m'avait prévenue : « Tu sais Claire, dans l'orchestre, il faut t'y faire, c'est l'épine dans le pied pour mériter cette joie immense de diriger. Il y aura toujours un musicien qui ne te supportera pas, même si tu fais parfaitement ton travail. Soit que ta personnalité l'agacera et que, rien que de te voir arriver, il te détestera ; soit que tu ne seras pas habillée comme il le voudrait, que tu n'auras pas une coiffure à son goût, que ta tête ne lui reviendra pas, que sais-je ? Alors il fera tout son possible pour te compliquer la tâche. Donc, même si tu as la majorité de l'orchestre avec toi, il y aura toujours au moins un dissident. Et tu devras savoir faire avec, c'est comme ça. »

La réflexion de Claudio est toujours valable. J'en ai fait l'expérience en Slovaquie, en décembre 2009, avec l'Orchestre philharmonique de Bratislava. Le premier violoncelle était bougon, rien ne lui convenait, et il le manifestait à voix haute. Je ne comprenais pas tout ce qu'il disait, et l'interprète slovaque n'osait pas me le traduire. Je voyais l'orchestre qui se demandait comment j'allais réagir. Il fallait donc faire attention à ne pas se mettre à dos les musiciens – qui *a priori* étaient de mon côté – en n'étant pas assez sévère. Je suis restée souriante et détendue. J'ai pris cela avec humour, faisant celle qui ne comprenait pas, mais sans rien céder pour autant. Je le reprenais donc sans arrêt car il ne connaissait pas bien sa partie. Les autres, je le sentais, se demandaient comment cela allait finir. À un moment, il m'a dit en anglais : « Écoutez, je ne comprends pas la façon dont vous dirigez. Occupez-vous de battre la mesure et laissez-moi jouer mon violoncelle. » Là, je l'ai repris fermement : « Monsieur, on ne va pas confondre. Ce que vous faites est inaudible. Travaillez chez vous. Ce n'est pas digne d'un chef de pupitre de venir jouer Berlioz sans connaître la partition ! À partir de maintenant, vous jouez et vous vous taisez, car je vais changer de ton ! »

Je lui ai dit cela sans m'énerver. C'était le bon moment. Je lui avais d'abord montré que j'avais de la patience. Aux yeux des autres, il était clair que je lui avais laissé sa chance. Il n'a plus bronché, et j'ai eu droit aux sourires de tout le monde.

Il faut quand même, et heureusement, reconnaître qu'il y a des orchestres heureux, dans lesquels tout se passe bien. Quand j'étais directrice de l'Orchestre de Chambéry, par exemple, j'avais entre vingt-deux et vingt-huit musiciens. On déjeunait tous ensemble, comme une bande de copains. On plaisantait beaucoup. Il m'arrivait même de conduire le car quand on partait faire des concerts en montagne. C'est en fait avec les grandes formations que je me suis montrée souvent tyrannique, parce que je n'avais pas encore trouvé la forme d'autorité adéquate, et que j'avais peur d'être débordée.

Toute cette dureté, par contraste, fait ressortir à quel point le travail de Claudio Abbado est exceptionnel. Il a obtenu, sans autoritarisme excessif, une souplesse extraordinaire de l'Orchestre Mozart, que nous avons monté ensemble à Bologne. D'abord, il n'y a pas de syndicat, c'était son souhait : ne plus diriger des orchestres syndiqués. Après sa longue maladie, il ne voulait plus être dans une logique de carrière mais dans la pure passion de la musique. Tout se passe comme s'il faisait de la musique avec des amis. Il peut dépasser la répétition d'une heure et demie sans que personne ne bronche ni ne se lève. Dans la vie professionnelle ordinaire, c'est impossible : on ne peut pas dépasser de trois minutes sans avoir à payer des quarts d'heure supplémentaires.

Il a obtenu de ses musiciens bien d'autres choses très inhabituelles. Par exemple que, dans la première partie d'un concert, ils jouent sur des instruments baroques – qu'on appelle des « instruments d'époque », c'est-à-dire avec des cordes en boyau et un archet spécial, ce qui demande une technique tout à fait particulière, sans vibrato – et, dans la seconde partie, après l'entracte, ils jouent sur des instruments modernes, avec un jeu plus romantique. Cette souplesse exige des musiciens une formidable ouverture d'esprit et une remise en question de leur apprentissage. Cela prouve qu'il existe des musiciens curieux, ouverts, pas fonctionnarisés.

Il a également obtenu de ses musiciens qu'ils acceptent de jouer dans des salles périphériques, dans une prison, dans des endroits où il n'y a pas la température requise par les syndicats, où la chaise n'est pas aux normes syndicales, etc. Cela change des lieux de prestige où les musiciens disposent de tout le confort dû à la qualité exceptionnelle de l'orchestre. Comme ils respectent Claudio, il peut les emmener partout. Cette souplesse est une réussite prodigieuse. Mais elle reste une exception, c'est un îlot.

*

Dans cette vie de chef d'orchestre, je me souviens aussi d'échecs cuisants. Mortifiants même. Ainsi avec l'*Orfeo* de Monteverdi, lors de ma dernière année à l'Opéra de Lyon. Ce n'était pas un bon projet, je ne connaissais pas assez bien la technique du baroque (ce n'était pas ma spécialité). Il était inclus dans une programmation de prestige alors que c'était une production étudiante et de formation montée par l'atelier lyrique. J'avais sans doute quelques excuses, mais il n'empêche que je me suis fait massacrer par la presse. Moi-même je me suis trouvée mauvaise. Cela n'a pas été facile à encaisser.

Il est aussi des échecs constructifs, de ceux qui aident à progresser. J'en ai connu un à l'Opéra de Rome, quand j'ai dirigé *La Cenerentola* (Cendrillon) de Rossini. La presse a dit que j'étais une bonne professionnelle, mais que je n'avais pas de sang italien et que j'avais donc dirigé « à la française comme adoptée à distance ». Or en Italie, quand on dit que vous avez une sensibilité française, ce n'est pas un compliment ! Cela signifie que vous êtes trop froide, trop pudique. En la circonstance, c'est vrai, j'avais voulu faire une *Cendrillon* un peu à la Bruno Bettelheim, avec des zones de tristesse et de poésie, c'est cela qui m'intéressait alors. Mais en Italie, Rossini c'est trépidant d'un bout à l'autre, c'est la farce. Ma tentative a été mal reçue. J'ai écrit au journaliste italien qui avait rédigé l'article : « Je n'ai pas aimé que vous ayez dit "adoptée à distance", parce que l'adoption, je sais ce que c'est. Vous ne pouvez pas dire que ce n'est pas une forme de filiation légitime. » Je n'ai pas eu de réponse.

Par la suite, les Italiens m'ont appris à extérioriser davantage, à devenir plus expressive, plus lyrique, plus jubilante en somme. J'ai compris pourquoi ma pudeur française ne les séduisait pas, les glaçait même. J'étais trop cérébrale. En Italie, j'ai appris cette forme d'expressivité plus portée à employer les superlatifs, et aussi à être moins technique, plus charnelle, finalement.

Dans les échecs, mais plus dans le registre des erreurs et des regrets, je classerai mon refus de collaborer avec le chanteur Jacques Higelin. Je dirigeais alors l'Orchestre de Chambéry et de la Savoie, et je venais de donner un concert au Festival de Pau, avec le *Divertimento pour cordes* de Bela Bartok, qui avait été retransmis sur France 3. Le lendemain j'avais reçu un appel de l'agent de Higelin me disant toute son admiration et son désir de partager un concert avec moi dans le Théâtre antique d'Orange. Devant ma réserve, il m'avait fait envoyer toute sa discographie, que j'avais beaucoup appréciée. Mais je n'avais pas cédé, j'étais enfermée dans un certain snobisme musical : on ne mélangeait pas Mozart, Bach, Bartok... et Higelin. À cette époque, les cloisons entre les genres et les publics étaient étanches. Seuls quelques artistes courageux comme Michel Portal ou les sœurs Labèque franchissaient ces frontières invisibles sans complexe et avec talent. Je débutais alors, je ne pouvais pas me battre sur tous les fronts, Je cherchais encore une reconnaissance parmi mes pairs ! J'ai manqué d'audace et d'ouverture d'esprit.

Beaucoup plus tard, en 2005, j'ai accepté sans hésiter un concert avec Maurane et l'Orchestre philharmonique de Liège à l'Opéra de Bruxelles. Je ne l'ai pas regretté. Quelle musicienne, et quelle voix !

9.
UN ESPRIT AVENTURIER

J'ai aimé diriger la musique de compositeurs français vivants, notamment Hugues Dufourt (né en 1943). À Berkeley, sur l'invitation du chef Kent Nagano, j'avais dirigé *Antiphysis*, écrit en 1978 pour flûte principale et orchestre de chambre. « J'ai voulu une flûte privée de sa vocation pastorale, une flûte torride, acre, emplie de la rumeur des villes », m'avait expliqué le compositeur. C'était une pièce virtuose mais un anticoncerto, le flûtiste était tantôt soliste, tantôt musicien du rang, à la manière du *Concerto grosso* de Haendel dans lequel un instrument se détache du groupe avant de retourner au *tutti*.

Le titre de l'œuvre – *Antiphysis* (antinature/contrenature) – m'avait intriguée, et l'étude de la partition très complexe avec Hugues Dufourt m'avait conquise. « Quolibet, fantaisie, caprice, contrainte, contrariété, contradiction, sont le décor subtil d'*Antiphysis* ! », avait-il ajouté.

Quelques années plus tard, c'est donc naturellement que je suis allée vers lui pour lui commander un opéra à destination du jeune public et produit par l'atelier lyrique de l'Opéra de Lyon. Je lui ai présenté Myriam Tanant. De leur collaboration est né *Dédale*. Leur belle idée fut de faire se rencontrer Ariane, Thésée, Minos, Icare et Dédale et de leur inventer une jeunesse. Myriam Tanant avait voulu saisir ces trames mythiques avant leurs apogées tragiques : Icare avant la chute et Ariane avant Naxos. Elle avait insisté pour que deux groupes d'enfants soient confrontés : les victimes de la guerre (les jeunes Athéniens livrés au Minotaure) et les enfants des vainqueurs. Je me souviens d'un jeune garçon de la maîtrise, Bastien, qui jouait le rôle d'Icare, fils de Dédale l'architecte du labyrinthe. Quand, dans son rôle, il devait dire « Moi, je suis né ici ! Mon père est un architecte et un savant qui invente toutes sortes de choses », il montrait un élan de sincérité touchant car il pensait à son propre père, un architecte lyonnais ! Cet opéra en trois actes fut créé en 1995, dans une mise en scène très poétique de Jean-Claude Fall.

Pendant mon séjour à l'Opéra de Lyon comme directrice de l'atelier lyrique, j'ai vécu une autre expérience passionnante : ma rencontre avec Fabio Vacchi, un compositeur dorénavant très joué (à Salzbourg, à La Scala de Milan, à Berlin, etc.). Au départ, dans la programmation, je souhaitais saluer le bicentenaire de la mort de Carlo Goldoni, ce grand auteur italien qui passe pour le précurseur de la comédie de mœurs qui triomphera avec Beaumarchais et Marivaux. Goldoni est mort en 1 793 à Paris, dans la misère et l'exil.

Je travaillais alors avec Myriam Tanant qui était aussi une spécialiste de Goldoni. Elle m'a dit : « Il y a un livret de Goldoni, *I Bagni di Abano* (Abano est une station thermale au sud de Venise), qui n'a jamais été mis en musique. Ce pourrait être intéressant. » Dans ce lieu, on trouvait un écrivain en panne d'écriture, un critique musical amoureux, une cantatrice qui avait perdu la voix, un masseur, une secrétaire, des curistes – toute une brochette de personnages typés qui étaient là pour essayer de se reconstruire. Il y avait même un chat ! (Le casting pour le chat avait été épique. Il fallait en trouver un qui ne panique pas dans les bras d'un chanteur en plein exercice… Nous avons eu droit à quelques chemises lacérées par les griffes de chats qui ne semblaient pas apprécier l'art lyrique !)

Restait à trouver un compositeur capable de mettre en musique le livret de Goldoni. Je me suis souvenu que, quand j'avais assisté Claudio Abbado pour la première fois à Milan, j'étais allée chez Ricordi feuilleter les partitions des jeunes compositeurs contemporains italiens. J'étais tombée sur celles d'un certain Fabio Vacchi, né à Bologne en 1949. Du coup, j'avais cherché à le rencontrer, il m'avait reçu chez lui, à Venise, et m'avait fait écouter des enregistrements sur bande de sa musique qui m'avaient réellement séduite. Quand le projet a pris forme, j'ai tout naturellement pensé à ce compositeur.

Au début, il a résisté, il n'était pas très chaud. Il aurait préféré choisir lui-même son livret, d'autant plus qu'il préférait la littérature contemporaine (Philippe Roth, Amos Oz, Arthur Schnitzler, Tonino Guerra). Il aurait souhaité quelque chose qui soit plus en phase avec les préoccupations philosophiques ou politiques du moment. Se replonger dans un livret de Goldoni, j'ai vu que ça ne le séduisait pas. Il faut dire que, pour un Italien, Goldoni n'a pas le même charme que pour nous. Il paraît plus banal et peut-être plus démodé. Mais on a tenu bon, et au bout du compte, Vacchi a composé un opéra extraordinaire.

L'action était transposée dans une station de thalassothérapie contemporaine, avec des personnages tout à fait actuels. Il y avait des scènes de ménage et des gifles ! C'était très drôle. L'adaptation qu'en avait faite Myriam

Tanant pour la France était parfaite. Le succès était amplement mérité. On en a donné jusqu'à soixante-quinze représentations, ce qui est rarissime pour un opéra contemporain. Par la suite, *La Station thermale* a été aussi programmée à la Scala de Milan, ce qui n'est pas rien, et à l'Opéra comique de Paris.

Cette aventure montre bien comment se forment parfois, au gré des affinités, des groupes de musiciens, d'écrivains et de compositeurs qui prennent goût à travailler ensemble. Avec Fabio Vacchi et Myriam Tanant, nous n'étions jamais dans une relation de pouvoir, dans un rapport de forces. Nous unissions nos énergies. J'intervenais parfois dans la mise en scène de Myriam, et elle dans ma direction musicale; d'autres fois nous intervenions toutes les deux dans l'écriture de Fabio. Nous faisions en sorte que nos compétences s'additionnent pour affiner l'œuvre par rapport aux chanteurs, à leurs possibilités, au lieu, etc. C'est peut-être pour ça que l'opéra a eu un tel succès. Je me souviens de cet épisode comme d'un grand moment de création. Et quoi de plus magnifique que de créer un opéra!

Entre nous trois, l'aventure a eu des suites. Trois ans après, j'ai commandé à Fabio Vacchi un opéra qui s'est appelé *Les Oiseaux de passage*, dont Myriam Tanant avait écrit le livret original. C'était un peu comme dans *La Cerisaie* de Tchekhov, l'histoire d'une maison qu'on doit quitter, en Europe, dans un endroit de passage où se retrouvent des gens en situation de détresse. Cet opéra a été joué à l'Opéra de Lyon et à l'Opéra de Bologne.

Je me suis tout de suite sentie proche de Fabio Vacchi. J'aime la façon dont il essaie de faire cohabiter des styles musicaux différents, ce qui lui permet d'intégrer des mélodies populaires de Sicile, des mélopées arabes et juives ou des sons d'inspiration africaine. Son projet est de toucher les auditeurs au plus profond d'eux-mêmes. C'est aussi un vrai citoyen du monde, concerné par les problèmes de son temps.

Chaque fois qu'il a composé un opéra, il m'a demandé de le diriger. Au total, j'en ai dirigé quatre, ainsi que de nombreuses œuvres symphoniques – dont *Dai Calanchi*, qui a été exécuté plus de deux cents fois dans le monde. Ses compositions sont belles, profondément tragiques, toujours raffinées sur le plan du détail orchestral, à la hauteur d'un Ravel ou d'un Berg. Il a par ailleurs écrit la musique du film de Patrice Chéreau, *Gabrielle*, et m'a chargée d'en diriger les enregistrements. Cela m'a donné l'occasion de rencontrer, et d'apprécier, Patrice Chéreau. J'ai découvert un mélomane averti, capable de mémoriser les partitions, même celles, très pointues, de musique contemporaine.

Ma rencontre, si bénéfique, avec Fabio Vacchi, m'a encouragée à suivre ma nature. J'ai toujours eu envie de découvrir de nouvelles musiques, d'ouvrir et de renouveler mes champs d'écoute, de sensation et de réflexion. Cela correspond sans doute à ce que mon père appelait le côté « aventurière » ou « pionnière » de sa fille. Ainsi ai-je dirigé avec curiosité les œuvres des compositeurs français contemporains comme Henri Dutilleux, Hugues Dufourt, Gilbert Amy, Betsy Jolas, Pascal Dusapin, Georges Aperghis, Bruno Mantovani ou encore Philippe Hersant.

La direction de *Jakob Lenz*, du compositeur allemand Wolfgang Rihm, sur un livret de Georg Büchner, avec les musiciens de la Philharmonique de Berlin, au Hebbel Teater de Berlin, reste un grand souvenir. Celle de *Silouans Song*, de l'Estonien Arvo Pärt, avec l'orchestre Mozart à Bologne, dédiée à la journaliste française Florence Aubenas alors retenue en otage en Irak, reste pour moi emprunte d'émotion.

J'écoute aussi avec amour *Répons* et *Sur Incises*, de Pierre Boulez, et toutes les œuvres de Peter Eötvös, Kaija Saariaho, Luciano Berio et György Kurtag.

*

Mon goût pour la découverte de l'univers de jeunes musiciens, de nouveaux compositeurs, va de pair avec ma passion pour la lecture de partitions inédites (quelquefois des manuscrits) ou tout simplement qui ne sont pas encore à mon répertoire, car le domaine est vaste.

Dans son livre, *Je suis chef d'orchestre,* Charles Munch évoque l'inquiétude initiale que suggère l'examen d'une partition : « Toutes ces portées superposées de cinq lignes parallèles – il y en a une vingtaine, souvent même plus –, noircies de notes et de signes innombrables : voilà ce qu'il va falloir débrouiller, analyser, animer[1]. »

Pour ce qui me concerne, je commence par chercher dans la partition la construction musicale de l'œuvre, sa structure formelle et harmonique. Il y a des formes reconnaissables au premier coup d'œil : *aria da capo*, forme sonate, forme rondo et, à l'intérieur de chaque mouvement, on délimite ce qui appartient à une introduction, une exposition, un développement, une réexposition ou une *coda* – quand il s'agit de formes classiques.

1. Charles Munch, *op. cit.*, p. 55.

J'essaie ainsi de repérer les thèmes principaux, leurs développements, leurs variations. J'analyse l'orchestration : quels sont les instruments à mettre en valeur en fonction des éléments thématiques qui leur sont confiés. J'essaie de comprendre ensuite l'organisation des *tempi*. Quelquefois, les mouvements métronomiques sont indiqués par le compositeur, d'autres fois figure seulement une indication de caractère : *Allegro ma non troppo*, ou *Allegro vivace*; *Andante cantabile*, ou *Andantino grazioso*; *Adagio sostenuto*; *Presto*, etc.

Chez Mozart, qui prenait soin d'indiquer ses souhaits, on peut trouver dix-sept degrés différents d'*adagio* et plus de quarante degrés *d'allegro* et d'*andante*. Ces degrés sont très importants. Gluck disait : « Un peu trop vite, un peu trop lent, et tout est raté. » L'analyse harmonique des accords et des lignes mélodiques est elle aussi fondamentale. Je tiens beaucoup à régler les coups d'archet du quatuor à cordes, c'est-à-dire les « poussés » et les « tirés » de l'archet, car ils influent sur le phrasé et l'articulation, ils créent le style de l'interprétation et donnent son homogénéité à la sonorité des cordes. On n'utilise pas la même technique d'archet pour jouer Mozart avec son *staccato* (détaché) et sa légèreté que pour jouer Mahler, avec son *legato* sensuel et son développement du son. Chaque période de l'histoire de la musique a son style d'expression et ses techniques, qui varient avec l'évolution des factures instrumentales. Et tout cela se voit sur une partition. D'où le plaisir que je prends à en feuilleter, à fureter entre les pages comme d'autres le font avec un livre. Et quand cette « lecture » me donne l'occasion de découvrir un auteur encore méconnu, comme ce fut le cas pour Fabio Vacchi, je suis comblée !

10.
AVEC CLAUDIO ABBADO

Ma rencontre avec Claudio Abbado a été l'un des événements les plus importants de ma vie. Elle est due à un hasard à peine croyable. À l'Opéra de Lyon, j'assistais alors Donato Renzetti, un jeune chef d'orchestre italien qui dirigeait l'opéra de Guiseppe Verdi, *Un bal masqué*. Tout se passait bien entre nous. Je savais qu'il était là avec sa jeune femme chanteuse, que je connaissais un petit peu. Un jour, je le vois arriver à la répétition le visage défait : « Je ne sais pas où est ma femme, je l'ai quittée à l'hôtel ce matin, nous devions déjeuner ensemble et impossible de la retrouver, j'ai laissé des messages à l'hôtel, elle n'y était pas. Je suis très inquiet. »

Je lui suggère de faire une déclaration à la police mais il refuse : « Ils vont me trouver ridicule, le mari qui cherche sa femme au bout de quelques heures d'absence, ils vont ironiser. » Les heures passent. De temps en temps, il téléphonait à l'hôtel, pas de nouvelles. À la fin de la répétition, vers 23 h, je lui propose : « On va quand même faire le tour des hôpitaux, téléphoner partout, ce n'est pas normal. » Il acquiesce : « Oui, on est marié depuis peu, on s'adore, on ne se quitte pas, c'est très bizarre, jamais elle ne m'a fait une chose pareille. » Il était très mal. Nous avons fini par retrouver sa femme dans un hôpital. Elle avait été renversée par un bus et était dans le coma. Tout s'est arrangé (elle va bien depuis), mais disons que l'épreuve avait été difficile.

Très reconnaissant de ce que je l'aie aidé à passer une partie de la nuit à chercher sa femme, Donati Renzetti m'a demandé ce qu'il pouvait faire pour moi. Je lui ai répondu : « Je sais que vous avez joué comme bassoniste dans l'orchestre de la Scala de Milan, sous la direction de Claudio Abbado. Je voudrais rencontrer ce chef que j'admire tant. » Claudio Abbado représentait pour moi Le chef d'orchestre par excellence. Il n'était pas du tout « pipole », comme on dit maintenant : jamais rien dans la presse sur sa vie privée, jamais une photo de lui en famille.

Il possédait un énorme répertoire. Il n'avait rien à voir avec ces paresseux qui font carrière avec vingt-cinq pièces. Il dirigeait aussi de la musique contemporaine, pour laquelle il s'était vraiment engagé (il jouait Luigi Nono), et il était capable de diriger par cœur un opéra contemporain. Je l'avais entendu en concert dans Rossini. Détail amusant : Theodor Guschlbauer, dont j'avais été l'assistante, avait été son claveciniste quand il avait enregistré *Le Barbier de Séville* de Rossini. En un mot, cela faisait longtemps que je « pistais » ce chef d'orchestre, grand et magnifique.

Donato Renzetti m'a dit : « C'est simple, on est très amis Claudio et moi, on a joué au foot ensemble ! Écrivez-lui une lettre, et je ferai un mot d'accompagnement. » J'ai donc écrit à Claudio Abbado : « Je sais que vous allez diriger pour la première fois *Pelléas et Mélisande* de Debussy à la Scala de Milan. C'est une œuvre que je connais particulièrement bien, je l'ai assistée à plusieurs reprises. Aux côtés de John Eliot Gardiner, j'ai fait des recherches sur la partition, le manuscrit, l'original. Moi-même j'ai dirigé cet opéra à Lyon et en Pologne. Cela me plairait vraiment d'être votre assistante quand vous allez la monter à la Scala. » J'ai remis la lettre à Donato Renzetti, qui y a glissé un mot de recommandation chaleureux. La réponse d'Abbado n'a pas tardé : il me donnait rendez-vous à Milan, où il dirigeait le *Requiem* de Verdi. Il me demandait de venir le rejoindre à la répétition.

C'était en 1983, j'avais tout juste 38 ans. Je me suis donc rendue au rendez-vous, à la Scala de Milan. Il y avait là une file de jolies jeunes femmes qui attendaient – les chefs d'orchestre, cela fascine ! Moi je n'étais pas dans cet état d'esprit, et cela me faisait un drôle d'effet.

Il m'a reçue dans son bureau et m'a dit : « J'ai écouté la cassette que vous m'avez envoyée où vous dirigez *Pelléas*, c'est très bien. » J'avais aussi apporté les microfilms du manuscrit de Debussy, et il s'est montré intéressé. Mais ce qui était passionnant, c'est que son option était totalement différente de celle de John Eliot Gardiner à l'Opéra de Lyon. Gardiner avait voulu retrouver le jet initial de Debussy – sa première écriture – sans tout ce qui a été publié après, avec les corrections, rajouts, ou suppressions que Debussy avait introduits au fil des représentations pour améliorer son œuvre. Claudio Abbado, lui, avait préféré, en somme, rester fidèle aux derniers ajustements de l'œuvre par son compositeur.

Cela ne l'empêchait pas de s'intéresser aux différences entre la partition originelle du début et celle qui s'était transformée. Il faut dire que les Français ne sont pas très experts en matière d'édition musicale. Il n'y a pas beaucoup de musicologues en France capables d'être en même temps historiens et philosophes, de faire des réalisations musicales harmoniques, contrapuntiques et de posséder l'art de l'écriture musicale. Un musicologue américain avait recensé les approximations sur les partitions de *Pelléas et Mélisande*, et toutes les corrections qui pouvaient y être apportées. Son étude comparative comprenait des pages entières de notes !

Abbado m'a donc dit : « J'ai écouté votre enregistrement, je vois bien tout ce que vous avez fait. Vous allez être mon assistante. Il faudra que vous soyez là pendant environ deux mois et demi. » Il m'a fait rencontrer l'administrateur et lui a demandé de m'établir un contrat. Un an après, j'étais son assistante. Un vrai conte de fées, une rencontre incroyable !

Il m'a fait beaucoup travailler – parfois jusqu'à quatorze heures par jour. Mais, il était là, toujours présent. C'était sa conception du métier. Il n'avait jamais dirigé *Pelléas* avant. Il n'était pas, comme ces chefs d'orchestre – même des grands, j'en connais – qui arrivent une semaine ou dix jours avant la première, laissent faire tout le travail à l'assistant et ne travaillent pas en synergie avec le metteur en scène. Ceux-là se fichent, au fond, de ce qui se passe sur la scène. Ils veulent que les chanteurs gardent les yeux fixés sur eux et n'ont parfois aucun respect pour le travail de direction d'acteurs.

Pour *Pelléas*, Antoine Vitez était le metteur en scène et Yannis Kokkos le décorateur. Claudio a été présent dès le premier jour. Il assistait, comme moi, à toutes les répétitions. Quand je faisais répéter les chanteurs, en studio, il se mettait dans un coin et il m'écoutait travailler avec eux. Il me disait : « Ah oui, vous êtes très exigeante ! »

Il faut reconnaître que, pour des Italiens, la poésie de Maeterlinck (le livret de *Pelléas*), c'est vraiment hermétique ! C'est un genre de poésie austère, à double sens, avec des strates et beaucoup de métaphores, c'est difficile pour des étrangers. Mais, parfaitement accordé à la musique de Debussy, l'ensemble constitue un pur chef-d'œuvre.

La dernière scène de l'Acte IV de *Pelléas et Mélisande* est celle à la fois de déclaration d'amour et d'adieu des deux personnages éponymes de l'œuvre. C'est ma scène préférée ! Elle commence sur un accord *pianissimo*, tenu seulement par deux clarinettes, dans le medium grave – ce qui permet au chanteur de murmurer les premières paroles, lui donne une certaine liberté dans le rythme de la prosodie et la possibilité de se rapprocher, comme dans un récitatif, du naturel de la parole. Le tempo indiqué est très modéré, avec des silences dans la ligne de chant, sous les points de suspension du texte, que l'on peut légèrement étirer. « C'est le dernier soir..., le dernier soir. »

Puis les violoncelles et les contrebasses entrent doucement dans le grave sur des rythmes de triolet, commençant à créer un climat d'incertitude, d'angoisse, qui se resserre et va *crescendo* : « J'ai joué comme un enfant autour d'une chose que je ne soupçonnais pas. » Un *sforzato* sur l'entrée du hautbois, dans une tessiture plus aiguë, déclenche : « Qui est-ce qui m'a réveillé tout à coup ? » Les bois de l'orchestre, les cors puis les cordes en canon éclatent alors sur une nuance forte, en une phrase très lyrique : « Je vais fuir en criant de joie et de douleur... »

Plus loin, sur une tendre dissonance de seconde augmentée*, les quatre violoncelles soli accompagnent : « et je n'ai pas encore regardé son regard » en mode « *piano* doux et expressif ». Sous le texte : « On a brisé la glace avec des fers rougis ! », le son « harmonique » des premiers et seconds violons est strident, suraigu, douloureux.

Pendant : « Tu dis cela d'une voix qui vient du bout du monde ! », l'orchestre se tait, et les cordes entrent, avec le mot « monde », sur une harmonie de septième diminuée* d'une douceur et d'une étrangeté extrêmes. Puis c'est la harpe, avec trois notes répétées en arpèges sur trois octaves, qui amène la phrase lyrique, poétique et douce en *fa* dièse majeur, magnifiée par le premier cor et le violoncelle solo : « On dirait que ta voix a passé sur la mer au printemps ! »

La partition est pleine de ces détails d'orchestration subtils et de ces nuances de couleurs, qu'il faut travailler avec l'orchestre. Il y a aussi, dans cette scène, un vrai suspens. Pour un chef d'orchestre, avec sa construction dramatique, ses progressions, ses retours en arrière, ses moments d'extase ou d'hésitation, puis son envolée vertigineuse jusqu'au moment du drame – quand Golaud arrive subrepticement et tue son jeune frère Pelléas –, cette scène est un bonheur à diriger.

Tous les détails sont à mettre en exergue ; l'orchestre est dans la fosse, et il faut que chaque commentaire ou climat qu'il crée soit perçu du public sans que cela nuise à la compréhension du texte chanté sur scène. Soutenir les chanteurs, respirer avec eux, s'exalter avec eux, les conduire dans l'expression musicale et théâtrale de leur personnage relève, pour le chef d'orchestre, d'un véritable acte d'amour.

Ainsi donc, Claudio Abbado venait m'écouter travailler, il mémorisait. À la longue, une grande complicité s'est établie entre nous. Il me laissait diriger, même quand il était présent. D'autres fois, quand c'était lui qui dirigeait, je pouvais me permettre de lui suggérer : « Je crois que ce n'est pas tout à fait comme ça. » Ce qui était proprement incroyable, car il ne l'aurait accepté de personne d'autre. Pourquoi moi ? Sans doute parce qu'il savait que je l'admirais énormément. Il se sentait en très grande confiance. Il voyait bien que ce n'était pas pour grappiller un peu de pouvoir ni pour le rabaisser. Je ne me le serais pas permis. C'était par pure passion musicale. Pendant ses répétitions, je lui dressais même des listes de tout ce qui me semblait ne pas aller (là, ça n'est pas assez poétique, là, un peu trop vite, ou trop lent, parce qu'on ne comprend plus le sens théâtral, etc.). Je lui donnais un compte rendu de tout ce qu'il faisait, et de moi il acceptait ces remarques. Je mesurais ma chance. C'est ainsi que s'affermissait entre nous une belle complicité.

Il est arrivé que non seulement je travaille avec les chanteurs, mais aussi que je dirige des répétitions scéniques. Antoine Vitez était toujours un peu inquiet. C'était sa première mise en scène de *Pelléas et Mélisande*. Il savait que j'avais dirigé l'œuvre avec des metteurs en scène de talent : il y avait eu la mise en scène de Louis Erlo et celle de Pierre Strosser – cette dernière, très originale, était fondée sur l'intériorité, c'est-à-dire que Mélisande, dont théoriquement la longue chevelure tombe de la tour, aurait pu être jouée par une fille aux cheveux courts.

Quand Antoine Vitez travaillait, lui qui venait du monde du théâtre pour mettre en scène cet opéra difficile, il suivait souvent mon regard et me questionnait : « Qu'est-ce qu'il y a ? Ça ne va pas ? » Quelquefois, quand je déjeunais seule avec lui, il me demandait de lui expliquer ma conception de l'œuvre. Pour moi, c'était extraordinairement gratifiant de me retrouver, entre Abbado et Vitez, ces deux grands artistes qui prenaient la peine de m'écouter et s'intéressaient à ce que je leur disais.

À la Scala de Milan, je suis descendue plusieurs fois dans la fosse d'orchestre. Il faut imaginer ce qu'étaient les répétitions : sur le plateau, il y avait des personnalités aussi fortes que José van Dam, Frederika von Stade, François Le Roux ou encore Nicolaï Ghiaurov ! Un jour, Cesare Mazzonis, le directeur artistique de la Scala, s'est approché de moi et m'a dit : « Madame, c'est la première fois qu'à la place de Toscanini, c'est une femme qui dirige l'orchestre de la Scala. » Je me suis souvenu qu'au Conservatoire, bien longtemps auparavant, on m'appelait « Toscaminette »…

Les trois mois passés aux côtés d'Abbado ont été pour le moins formateurs. Le soir de la première de *Pelléas et*

Mélisande est arrivé. Claudio a organisé un dîner, mais – et là, c'est typiquement lui – au lieu de convier la presse, les mécènes et les politiques, il a invité tous les gens qui avaient travaillé avec lui : le metteur en scène bien sûr, mais aussi les machinistes, moi son assistante, les chanteurs. Il passait de table en table, pour commenter avec chacun le travail effectué. C'était assez formidable. Il est vrai qu'il s'agissait de sa dernière direction musicale à la Scala, où il était resté dix-huit ans et qu'il quittait pour l'Opéra de Vienne. Ses adieux, il avait souhaité les faire en compagnie de tous les travailleurs.

Ce soir-là, il m'a offert un fac-similé de *Falstaff*, avec un petit mot pour me remercier de notre collaboration. Il m'a glissé : « Claire, je vais diriger *Pelléas* à l'Opéra de Vienne, est-ce que vous voulez être mon assistante ? »

J'ai dit oui !

11.
ABBADO *FOREVER*...

J'étais toujours chef d'orchestre de l'Opéra de Lyon, mais les directeurs musicaux en titre, quand ils sont payés au mois, ne doivent pas plus de dix-huit semaines par an à l'Opéra. Il suffisait de s'arranger pour que les absences coïncident avec le calendrier de l'Opéra de Lyon et le nombre de représentations à donner.

Je suis donc partie à Vienne l'année suivante, en 1986. Et là, c'était différent. Comme à Milan, je faisais toutes les répétitions avec les chanteurs et aussi les répétitions de mise en scène. Abbado s'est mis à me tutoyer et à vouloir que je le tutoie, c'était sa façon d'être avec tout le monde. J'ai continué néanmoins à être exigeante. Hélas, je suis retombée sur une autre et sempiternelle difficulté. Abbado aurait voulu que je répète avec l'orchestre, mais celui-ci n'a pas voulu. Tout simplement. Pourquoi ? Parce qu'il n'y avait pas de femmes dans l'orchestre, que les musiciens cooptaient leurs directeurs musicaux et qu'ils ne voulaient pas d'une femme à la direction. Je ne suis donc jamais allée dans la fosse d'orchestre.

Claudio a tenté de me consoler en m'expliquant que peu avant, il y avait eu un problème similaire dans l'orchestre. Le harpiste était tombé malade, et les musiciens avaient cherché quelqu'un pour le remplacer. Ils n'en avaient pas trouvé à Vienne. Claudio leur avait parlé d'une harpiste remarquable en les adjurant d'en finir une fois pour toutes avec ces histoires d'hommes et de femmes. L'orchestre avait dit : « Bon, transmettez-nous son dossier. » Or, il se trouve que cette harpiste – qui avait joint sa photo à son dossier –, en plus d'être femme, était noire. Les musiciens n'en ont jamais voulu !

À la Scala, ma condition de femme n'avait pas posé de problème malgré, paradoxalement, le machisme avéré des Italiens ! À Vienne, en revanche, sans même m'avoir vue diriger, ils m'avaient récusée ! Une femme ne viendrait pas au pupitre. C'était comme ça. D'accord, disaient-ils, pour les répétitions des chanteurs, la mise en scène, mais pas l'orchestre. C'était violent !

Je suis donc restée derrière Claudio, au premier rang mais dans son ombre. Je lui chuchotais : « Le cor, il me semble que ce n'est pas tout à fait ça, il y a une faute là... » Je corrigeais des choses dans les partitions, je lui listais tout ce qui n'allait pas. Parfois, ironiquement, il prenait ma liste et la lisait carrément à l'orchestre. C'était un peu frustrant mais, en même temps, j'étais heureuse d'être auprès de cet immense chef.

Je suis retournée à Vienne quand il a enregistré *Pelléas et Mélisande* pour *Deutsche Grammophon.* Là, j'étais en cabine de régie, au téléphone avec lui tout le temps, et je pouvais le guider. Je n'étais pas peu fière !

Autour d'une personnalité de l'envergure de Claudio Abbado, il y avait assurément un climat de cour. Alors, qu'une femme prenne tout d'un coup de l'importance, c'était plutôt mal vu. Cela posait même des problèmes. Tous les gens qui pensent avoir un pouvoir et le détiennent parce qu'ils sont au service d'une notoriété voient d'un très mauvais œil l'arrivée de quelqu'un qui a la confiance du maître. C'est un phénomène de cour assez classique. J'eus donc droit à des tentatives de barrage pour m'interdire d'accéder à lui. Aujourd'hui, à Bologne, ça se passe de nouveau ainsi…

Heureusement cela n'a pas empêché que se tissent entre nous des liens d'amitié et de confiance. Quand je suis allée diriger à Berlin, il m'a laissé son appartement parce qu'il était en tournée. Pendant trois semaines, j'ai ainsi pu loger chez lui avec mes deux enfants. Et quand il dirigeait à Salzbourg, l'été, si je lui téléphonais – il avait loué une grande maison sur la colline –, il me disait : « Viens, il y a une chambre pour toi. » On allait ensemble aux répétitions. Pour moi, c'était une chance extraordinaire. J'étais à table avec tous les grands du monde qui lui faisaient la cour.

Ces relations privilégiées, je ne les ai pas eues avec John Eliot Gardiner, cet autre très grand chef d'orchestre dont j'ai été l'assistante à l'Opéra de Lyon. Visiblement, il avait du mal à comprendre mes liens avec Claudio. Un jour, je revenais de Vienne après avoir assisté ce dernier. Reprenant le train à Paris, je me trouve justement assise à côté de John Eliot Gardiner. Apprenant que je rentrais de Vienne il s'exclame : « Mais qu'est-ce que tu lui trouves, à Abbado ? » Je me suis carrément lâchée, comme on dit : « J'apprécie beaucoup sa gentillesse, son humilité. » C'était vrai. Claudio était humble, il me confiait : « Tu sais, je dirige par cœur parce que j'ai peur de ne pas avoir assez de choses à dire, au moins je fais voir que je connais la partition et que j'ai travaillé. » J'ajoute qu'il est beau à voir diriger. Non seulement sa technique est irréprochable mais sa gestique de la direction d'orchestre est sublime. Elle conjugue la souplesse, la rondeur, le charnel, la virilité.

Il sait trouver un équilibre entre délicatesse et force virile. C'est très complet.

Gardiner, lui, est assurément un immense musicien qui me bouleverse. Je ferais des kilomètres pour aller écouter les œuvres qu'il dirige. Mais, visuellement, il paraît crispé, il n'a pas de beaux gestes. Disons que ce n'est pas vraiment une « bête » de direction d'orchestre. Quand j'écoute ses enregistrements ou ses répétitions, je suis passionnée. Je trouve chez lui un musicologue accompli et un philologue remarquable. Il écrit très bien, mais j'ai moins de plaisir à le voir diriger. Affaire d'affinités, sans doute.

Celles que je ressentais avec Abbado ont perduré. Après Vienne, il a dirigé *Pelléas et Mélisande* à Londres. Il m'a invitée et j'y suis allée, avec mes deux enfants, qui ont fréquenté le lycée français. On est resté un peu plus de deux mois à Londres. Là, il était prévu que Claudio dirige une partie des représentations et moi l'autre. Avec l'Orchestre du Covent Garden, les choses se sont sublimement passées. J'ai été accueillie sans machisme, et les musiciens ont semblé heureux de travailler avec moi. J'ai même eu droit à une ovation.

Il n'empêche que la peur de ma vie, je l'ai éprouvée quand Claudio m'a demandé de faire la répétition générale et qu'il s'est assis, au premier rang dans la salle, juste derrière moi. Cela m'a flanqué un trac incroyable ! La répétition s'est bien déroulée, mais j'avais carrément la tremblote !

Par la suite, nous nous sommes un peu perdus de vue. J'étais très prise et lui aussi. En revanche quand je suis partie vivre en Italie, j'ai repris contact avec lui. Il dirigeait *Così fan tutte* à Ferrare et, de temps en temps, j'allais voir un concert quelque part et lui dire un petit bonjour. Il s'arrangeait toujours pour me consacrer du temps. Son *Così fan tutte* était magnifique. Nos liens se sont encore resserrés. Aujourd'hui, ils sont toujours très étroits.

En 2004, au cours d'un de ses concerts, j'étais allée le voir à l'entracte. Il m'a demandé ce que je faisais. J'ai répondu : « Pas grand-chose en ce moment. » (C'était quelques mois avant que j'entre au Parlement européen.) Du coup, il m'a proposé de retravailler avec lui : « Est-ce que tu voudrais t'occuper de créer avec moi l'Orchestre Mozart de Bologne ? » J'ai dit oui, bien sûr !

Il s'agissait de monter un orchestre de toutes pièces, en recrutant un à un les musiciens. À la base, il y avait les meilleurs musiciens d'Europe, les amis de Claudio qu'il avait déjà dirigés – une telle, première flûte à Berlin, tel autre premier hautbois je ne sais où, le violoniste de l'Orchestre philharmonique de Vienne, etc. Tous ces gens étaient de grands concertistes qui acceptaient, pour passer un moment avec Claudio, d'être au troisième ou au dernier pupitre alors même qu'ils étaient habitués à faire des tournées mondiales. Il faut dire qu'il avait su fraterniser avec la plupart d'entre eux. Claudio est quelqu'un qui passe beaucoup de temps avec ses musiciens. Pour lui, il n'y a pas la piétaille d'un côté et le chef de l'autre. Il dîne avec eux, il aime partager. Disons qu'il est là et bien là.

Pour constituer cet orchestre de Bologne, nous avions donc déjà un fonds très riche, composé de tous ses amis qu'il suffisait de contacter. Pour le reste, nous avons publié des annonces et organisé quantité d'auditions. En ce qui me concerne, j'ai fait des sélections sur dossiers et écouté un nombre incroyable de musiciens. Nous cherchions de très bons jeunes qui seraient en même temps en formation. Claudio m'a laissé faire cela quasiment seule, avec juste une ou deux personnes qui m'aidaient de temps en temps. Un travail passionnant. Finalement, l'orchestre ainsi constitué s'est révélé excellent. Il existe toujours, avec à peu près les mêmes musiciens qui, tous, témoignent d'une grande fidélité à Claudio Abbado. La direction d'orchestre telle qu'il la pratique est un véritable acte d'amour, ce qu'on peut rêver de mieux accompli dans la relation artistique. Dans l'orchestre, tous les musiciens ont choisi d'être là (ils pourraient être ailleurs) et sont heureux d'y être. On ne sent jamais la moindre résistance de leur part. Leur admiration et leur confiance sont totales. Ils donnent le meilleur d'eux-mêmes, et on voit tout de suite qu'ils s'engagent avec passion.

En outre, comme cet homme est maintenant fatigué, convalescent, ils s'appliquent à saisir dans son regard le moindre petit signe, la moindre indication, qu'eux-mêmes répercutent et amplifient. On les sent accrochés au plus petit témoignage de son génie, qu'il leur transmet en rassemblant l'énergie qui lui reste. Sa force de persuasion est proprement extraordinaire. On sent que, pour Claudio, c'est une question de vie ou de mort, qu'il joue authentiquement sa vie au concert. La musique paraît avoir envahi toute sa personne, elle est sa raison d'être, c'est elle qui le tient en vie. L'orchestre le sait, et cela donne des concerts d'une émotion intense. Cela n'empêche pas Claudio de rester souriant, blagueur et léger.

Abbado, c'est vrai, a laissé la musique résumer sa vie entière. C'est son mode d'expression. En même temps, il est engagé dans la vie publique, par exemple dans l'écologie. Pour retourner diriger à la Scala de Milan après vingt-quatre années d'absence, il a exigé de la municipalité qu'on plante quatre-vingt-dix mille arbres dans la ville – des arbres vraiment plantés, pas dans des bacs…

12.
L'ITALIE, UNE SECONDE PATRIE

J'ai fini par considérer l'Italie comme ma seconde patrie. Mes premiers contacts avec ce pays, je l'ai dit, remontent à ma rencontre avec l'Italien Fabio Vacchi à l'Opéra de Lyon et lorsque j'assistais Claudio Abbado. Mais c'est par un autre hasard de la vie que j'ai renoué, durablement cette fois, avec l'Italie.

En 1998, Jean-Pierre Brossmann et Louis Erlo ont quitté la direction de l'Opéra de Lyon – l'un parce qu'il était nommé au Châtelet à Paris, l'autre pour partir en retraite. Le nouveau directeur m'a carrément demandé de faire mes bagages. Il voulait instaurer une nouvelle politique, constituer une nouvelle équipe artistique avec laquelle il se sentirait en confiance. À ses yeux j'étais trop liée à la direction précédente.

Il se trouve que Mimma Guastoni, la directrice de la maison d'édition *Ricordi*, était souvent venue à l'Opéra de Lyon, notamment pour négocier les contrats de Fabio Vacchi (pour *La Station thermale* et pour *Les Oiseaux de passage).* Elle avait apprécié le sérieux de mon travail à l'atelier lyrique. Or elle venait d'être nommée directrice générale du projet, géré par la société *Musica per Roma*, de la cité de la musique de Rome qui était alors en construction et dont Renzo Piano était l'architecte. Mimma Guastoni était chargée de préparer l'ouverture et de créer des troupes pour ce complexe musical qui comprenait trois salles couvertes et un grand théâtre de plein air. Il ne devait pas apparaître comme un géant dans le désert. Il s'agissait donc, non seulement de préparer l'ouverture mais aussi de rassembler des forces vives capables d'animer ledit complexe. Apprenant que j'étais libre, Mimma m'a proposé d'être sa directrice musicale et de créer un opéra-studio à Rome, avec une structure semblable à celle de mon atelier lyrique lyonnais.

Je suis donc partie à Rome en 2000. À l'époque, je pratiquais un peu l'italien. J'avais même commencé à le parler pour de bon. Quand on est à l'opéra, on est forcément amené à diriger beaucoup d'œuvres en italien. J'avais appris cette langue dans les opéras de Mozart ! Je les traduisais... J'ai toujours essayé de travailler en profondeur la prononciation. La saveur de celle-ci joue un rôle dans l'interprétation musicale. Disons que la relation entre le texte et la musique est si importante que la façon dont on prononce les paroles du livret est chargée de sens. Mon italien, c'est pourtant à Rome, à ce moment-là, que j'ai pu le perfectionner. J'y ai habité pendant trois ans, avec mes enfants. Nous logions sur la piazza del Orologio, au centre de Rome, entre la piazza Navona et le palazzo Farnese. Un vrai bonheur.

L'opéra-studio devait s'appeler *Il Laboratorio Voci in musica*. J'ai recruté sur audition une douzaine de jeunes adultes venus de toute l'Europe. Ensuite, avec mon assistante, Elisabetta de Lorenzis, je suis allée écouter les enfants dans des écoles de Rome mais aussi de la périphérie (on ne voulait pas uniquement des enfants du centre-ville) pour créer le chœur d'enfants *Il coro di voci bianche*. Puis j'ai engagé des professeurs de technique vocale, des professeurs de chant choral et des pianistes.

Il m'a semblé que les enfants italiens, romains en tout cas, étaient plus épanouis que les enfants français. À travers la voix, on devine et on entend beaucoup de choses. Par la suite j'ai pu le vérifier. Je dirais que les enfants français sont terriblement cadrés, et cela depuis la petite enfance. On leur apprend à bien tenir fourchette et couteau, on leur inculque quantité de codes et, surtout, on les persuade qu'ils ne doivent pas empêcher les parents de vivre. Chacun, en somme, doit rester à sa place. En

Italie, les choses sont différentes. Si on déjeune avec un couple qui a de jeunes enfants, on s'aperçoit que le père et la mère sont sans arrêt debout à courir partout. L'enfant est roi jusqu'à l'âge de 7 ans, on lui laisse une entière liberté. Cela donne des enfants avec des voix magnifiques, sans doute parce qu'ils ont moins de complexes et osent s'exprimer. Il y a aussi les hormones : plus on va vers le Sud, plus elles colorent la voix. Beaucoup d'enfants français, c'est un fait, avaient des « trous » dans la voix – c'est-à-dire des espaces dans la gamme qui étaient moins beaux, avec des notes qui n'avaient pas la même puissance ou la même couleur que les autres. Ces « trous » sont liés à des chocs affectifs, à des frustrations... Au bout du compte, beaucoup de choses sont perceptibles dans la voix, et les troubles psychologiques s'entendent, au sens le plus exact du mot. Les orthophonistes parlent alors de dysphonie fonctionnelle ou spasmodique.

Je dois dire que cette longue réflexion sur les symptômes qu'on peut percevoir à la simple écoute – attentive – d'une voix d'enfant m'a beaucoup apporté. C'est un formidable enrichissement pour quiconque s'intéresse aux liens complexes qui unissent le son, la voix, la musique et l'ordinaire de la vie. Je n'aurais jamais imaginé que la pratique de mon métier m'amènerait un jour dans ces parages.

Il me fallait également trouver des locaux car le grand auditorium n'était pas terminé. Comme mes collaborateurs italiens ne parlaient pas forcément le français, j'ai été bien obligée de parfaire mon italien « sur le tas ». Je m'y suis adonnée avec un réel plaisir. Bien sûr, ma présence à l'Opéra de Rome suscitait quelques réticences. Qu'on imagine ! Une femme venait diriger dans le pays des grands *direttori d'orchestra*. Une Française arrivait pour donner des conseils aux Italiens, et cela dans le pays de Toscanini et de Claudio Abbado ! Ces réticences n'étaient pas inattendues. Malgré cela, je dois reconnaître que j'ai été finalement accueillie et intégrée sans vrais problèmes.

J'ai d'ailleurs bénéficié d'un fort soutien de la part des parents d'élèves. Tout ce que je faisais avec – et pour – leurs enfants les surprenait agréablement. Cet aspect de la formation musicale pour les jeunes n'était pas vraiment pris en compte en Italie. Aujourd'hui encore, certains de ces parents m'écrivent régulièrement d'Italie. J'ose donc parler d'une rencontre amoureuse avec ce pays. Je m'y sentais bien, heureuse, comblée même. Pour le nouvel opéra-studio, on a monté *Hänsel und Gretel*, de

Humperdinck, et le *Pollicino* de Henze. On a également produit quantité de petits spectacles chantés par des enfants à Rome, avec de belles mises en scène du fils d'Abbado, Daniele Abbado, qui est un excellent metteur en scène et qui dirige les Teatri di Reggio Emilia. Pour les enfants, tout cela était réellement nouveau.

En tant que directrice musicale, j'avais aussi la charge de commander des œuvres à des compositeurs contemporains. À Fabio Vacchi, j'ai commandé un opéra, *Il Letto della storia*, qu'il a écrit sur le livret d'un écrivain journaliste romain, Franco Marcoaldi. On l'a joué ensuite aussi au *Maggio Musicale Fiorentino*, l'opéra de Florence.

Hélas, mon aventure italienne s'est terminée en 2002. Il faut dire que le plus difficile en Italie, c'est que rien n'est construit à long terme. Tout se fait au dernier moment, ce qui interdit toute connexion nationale et internationale. Les Italiens en général et les Romains en particulier estiment volontiers qu'en matière de musique, ils ont tout ce qu'il faut chez eux. À Rome, pensent-ils, on peut vivre en autarcie et on peut tout décider à la dernière minute. De fait, les subventions arrivaient parfois alors que la programmation était déjà commencée. Pour quelqu'un qui appartient à la culture française ou anglo-saxonne, c'est très déstabilisant. J'ai souvent connu l'angoisse.

J'ai également été plus ou moins victime d'obscures questions de rivalités et de pouvoir. Un conflit a surgi entre Luciano Berio et Mimma Guastoni pour la direction générale de l'auditorium à son ouverture. C'est finalement Luciano Berio qui l'a emporté. Or, en Italie, tous les contrats sont établis pour deux ou trois ans maximum. Les Italiens sont habitués à une mobilité continuelle, mais ils sont également soucieux de solidarité « italienne », ce que je peux comprendre. Mon contrat était de trois ans. Dès lors qu'on changeait les personnes, tout ce qu'on avait créé cessait d'exister. Les nouveaux arrivants avaient leurs propres projets. C'est comme ça sans arrêt. En définitive, l'opéra-studio, les chorales et le reste, tout a disparu.

Je me garderai bien de jeter la pierre aux Italiens. Il faut reconnaître que, souvent, en France, la politique artistique, la politique d'éducation artistique ou les politiques musicales sont pareillement tributaires de l'engagement de certaines personnes. Ainsi, quand je suis partie de l'Opéra de Lyon, le nouveau directeur a montré qu'il s'intéressait beaucoup moins que Jean-Pierre Brossmann et Louis Erlo à la formation de spectacles pour le jeune public et dans les banlieues. Il a préféré bâtir une programmation standard et traditionnelle, et nos anciens projets, à long terme, sont passés à la trappe.

J'ajoute que mon départ de Rome, au terme de ces trois années, n'a pas entamé ma passion amoureuse pour ce pays. Mon lien avec l'Italie, où je me suis beaucoup investie, reste fort. Il faut dire que maintenant, je parle bien la langue. Je compte beaucoup d'artistes italiens parmi mes amis. Des peintres, des poètes, des metteurs en scène, et bien sûr des musiciens.

En Italie, j'ai découvert une autre manière de vivre. Là-bas, quand vous invitez quatre personnes à dîner chez vous, vous vous retrouvez avec vingt-cinq personnes à minuit, parce que chacun amène ses copains. C'est la règle. J'ai beaucoup aimé cette *dolce vita*. La qualité de vie était incomparable, même avec cette angoisse du lendemain dont on ne savait jamais de quoi il serait fait. Les Italiens sont habitués à vivre avec cela, ils ne se préoccupent pas vraiment de l'avenir. Ils pensent qu'on trouvera toujours des solutions.

Je retourne régulièrement en Italie. Mes enfants aussi, qui parlent l'italien avec un meilleur accent que le mien. Ils avaient beaucoup aimé le séjour à Rome. C'était une grâce de se promener le matin, dans les rues du centre-ville, tremper ses mains dans les fontaines du Bernin, passer sous la tour de l'Horloge du couvent des Philippins réalisée par Borromini, monter les marches du Capitole dessinées par Michel-Ange ! Et même à Noël, il y avait des oranges dans les arbres, il faisait doux… On allait manger sur la plage à Fregene… et faire le marché sur le Campo dei Fiori !

*

Quand, rentrant de Rome, je me suis retrouvée à Paris sans poste fixe, Jean-Pierre Brossmann, qui était devenu entre-temps directeur général du Théâtre du Châtelet, aurait aimé que j'y développe ce que j'avais entrepris à Lyon puis à Rome. Les autorités, hélas, ne lui ont pas accordé le budget nécessaire pour créer le poste. Il m'a toutefois engagée afin de monter des spectacles pour le jeune public. Pour ce faire, j'ai travaillé avec une inspectrice pour l'éducation artistique de l'Académie de Paris, Janine Delahaye, qui m'avait déjà contactée et avait suivi ce que je faisais. Elle a réuni plusieurs chorales de l'Académie de Paris. On cherchait les chorales des zones les plus défavorisées (dans les établissements scolaires des 18e, 19e et 20e, mais aussi ceux de Créteil ou d'Aubervilliers), pas celles des « beaux quartiers » qui avaient accès facilement à la musique. On travaillait avec des enfants qui n'avaient pas de dons musicaux particuliers et ne bénéficiaient que d'une heure de musique par semaine dans le cadre de l'enseignement général.

Le premier spectacle que nous avons monté a été *West Side Story,* du compositeur américain Leonard Bernstein, dans une adaptation – pour chœur d'enfants et avec un accompagnement de cinq percussionnistes –, que j'avais déjà dirigée à Lyon. Au début, je me suis dit : « Que vont bien pouvoir faire ces enfants, qui ne sont pas musiciens ? Crier en mesure, au mieux… » La suite m'a prouvé qu'ils étaient capables de faire beaucoup mieux, pour peu qu'on travaille sérieusement avec eux, en s'engageant pour de bon. Ils pouvaient se montrer passionnés et acharnés. Nous avons organisé des week-ends de répétitions. J'avais pris goût à ce genre d'exercice. J'avais parfois jusqu'à sept cents enfants dans une salle, et on entendait les mouches voler ! La discipline ne posait aucun problème. Je leur faisais faire des exercices vocaux, ou bien répéter plusieurs fois la même phrase en anglais. Je m'attachais à être exigeante sur le rythme, à user de métaphores pour leur faire comprendre les techniques musicales, les responsabiliser, leur laisser entrevoir les enjeux énormes d'un travail mené à bien. Au final, ils étaient même responsables et soucieux d'atteindre un très haut niveau.

J'étais aidée par le fait que je n'étais pas un de leurs professeurs habituels mais une artiste de renommée « internationale » (leur avait-on dit) qui cherchait à les motiver et à obtenir d'eux le meilleur. Je m'arrangeais pour qu'ils se sentent passionnés, tant et si bien qu'on a réussi à faire de belles choses ensemble. Claudia Stavisky, metteur en scène et directrice du Théâtre des Célestins à Lyon, avec laquelle j'avais déjà collaboré à l'Opéra de Lyon pour le très divertissant *Chapeau de paille d'Italie* de Nino Rota, donna à ce concert spectacle la touche théâtrale nécessaire. Mon expérience italienne m'a été d'un grand secours.

À Rome en effet, peu avant mon départ, j'avais préparé *L'Enfant et les Sortilèges* de Ravel avec le *Laboratorio voci in musica*, et nous l'avons donc représenté au Châtelet.

C'est vraiment à Manuel Rosenthal, pendant mes études au Conservatoire de Paris, que je dois la découverte et l'approfondissement de la musique de Maurice Ravel. Il fut un élève et un disciple de Ravel et avait tenu à m'emmener visiter la maison du Maître – Le Belvédère –, à Montfort-L'Amaury, et j'avais été fascinée par cette étonnante maison de poupée, avec ses pièces minuscules meublées d'objets précieux, bibelots et petits automates. Durant ses cours, Manuel Rosenthal nous avait transmis cette tradition de la musique française dirigée par des grands chefs d'orchestre comme Roger Desormière, André Cluytens, Ernest Ansermet, Jean Fournet ou Charles Munch.

Par la suite, j'ai dirigé avec plaisir les œuvres symphoniques de Ravel et sa comédie musicale intitulée *L'Heure espagnole.* Mais l'œuvre pour laquelle je garde la plus grande tendresse est *L'Enfant et les Sortilèges*, baptisée fantaisie lyrique en deux parties, sur un livret de Colette, créée à Monte-Carlo le 24 mars 1925.

Au début, le côté néoclassique de Ravel, héritier de Rameau et de Couperin, avait de quoi me retenir. Mais sa pudeur, son humilité, sa solitude et son goût du secret m'attiraient. En le dirigeant, j'ai découvert une tendresse, un humour, une poésie et beaucoup d'émotion chez ce grand orchestrateur qu'était Ravel. Et puis, et ça me plaisait beaucoup, il était capable d'être « incorrect » en bousculant les sensibilités embourgeoisées : « Que penseriez-vous de la tasse et de la théière, en vieux Wedgwood – noir –, chantant un ragtime ? J'avoue que l'idée me transporte de faire chanter un ragtime par deux nègres à l'Académie nationale de musique », écrivait-il à Colette le 27 février 1919.

Au Châtelet, donc, pour jouer *L'Enfant et les Sortilèges*, nous avions ajouté les chœurs d'enfants de l'Académie de Paris, ce qui donnait une version un peu spéciale, une sorte de concert divertissant et quelque peu mis en scène. Je me suis régalée à diriger ce spectacle, et je pense pouvoir affirmer que les enfants qui l'ont interprété comme le public ont eu le même sentiment que moi.

Ensuite, avec Jean-Pierre Brossmann, nous avons commandé au compositeur Patrick Burgan une création sur l'histoire de Peter Pan. Nous avions eu l'idée d'aller la représenter, comme production du Châtelet, à Aubervilliers, dans le cirque Zingaro de Bartabas. L'endroit était superbe. La mise en scène d'Isabelle Partiot-Pieri très inventive. Sur une partie des gradins, les jeunes des collèges et lycées chantaient les chœurs des Indiens et des pirates et, sur la scène, les enfants du chœur *Sotto voce* de Créteil préparés par Scott Prouty jouaient les rôles solistes. D'excellents chanteurs interprétaient les rôles du capitaine Crochet, de la fée Clochette, etc. L'actrice Marie-Christine Barrault jouait le rôle de Wendy grand-mère. Là encore, ce fut un spectacle enrichissant pour les enfants participants autant que pour le public.

13.
MOI QUI N'AIMAIS PAS L'OPÉRA...

Toute jeune, pour dire la vérité, je n'étais pas très attirée par l'art lyrique. La Castafiore des albums de Tintin et Milou me semblait résumer le monde de l'opéra, et mes goûts me portaient plutôt vers le cinéma de Bergman, de Fellini et d'Antonioni, la musique de chambre et la musique symphonique. Je suis venue au lyrique, pourrait-on dire, « sur le tas ». En prenant mon premier poste à l'Opéra de Lyon, je me suis mise à faire tous les travaux d'un assistant. Je participais à la préparation des chanteurs en studio, à celle des chœurs, je donnais le signal de départ pour un magnétophone, je dirigeais les musiques de scène en coulisse, etc. Dans le même temps, je découvrais tous les artisans du théâtre – les électriciens, les accessoiristes, les machinistes. Bref je m'installais au cœur même du monde de l'opéra. Très logiquement, j'ai donc eu envie d'en connaître et d'en mieux comprendre les rouages.

C'est ainsi que la musique d'opéra est entrée petit à petit dans ma vie. J'ai commencé à diriger quand le chef n'était pas là. D'abord les répétitions au piano, puis les répétitions d'orchestre, enfin des représentations. Ainsi ai-je pu vivre de près le quotidien d'une maison d'opéra. Je mesure la chance que cela représentait pour moi. La possibilité d'assister à toutes les répétitions, de comprendre concrètement pourquoi les choses ne marchent pas sur scène (quand cela arrive), tout cela m'a aidée à me former au métier. Beaucoup de grands chefs d'orchestre sont en même temps de grands « patrons » de théâtre, mais rares sont ceux qui ont un véritable sens théâtral. Quand c'est le cas, on le sent tout de suite et cela imprègne toutes leurs interprétations.

Abbado, pour revenir à lui, assistait à toutes les répétitions et aux filages techniques. Il faisait même étudier le mouvement du rideau pour que ce dernier tombe exactement au bon moment… Du coup, pour le lyrique, j'imagine mal une autre façon de travailler. Pour moi, l'opéra est vite devenu une passion, avec ce qu'elle implique parfois de frustrations. En vérité, pour que la représentation soit totalement réussie, il faut que se trouvent réunis et conjugués une foule d'éléments. Ce parfait unisson reste donc un événement rarissime. Il n'en a que plus de prix.

J'aimerais pouvoir évoquer tous les compositeurs dont les œuvres m'ont nourrie. C'est évidemment impossible, et sans doute cela deviendrait-il fastidieux. Mais comment pourrais-je parler d'opéra sans m'arrêter un moment sur Mozart, dont Bruno Walter disait, à propos de *L'Enlèvement au Sérail*, qu'il faut que cela soit si gai qu'on ait envie d'en pleurer ? Mozart reste le compositeur que j'aime le plus et que j'ai le plus dirigé. Parmi les très grandes joies de ma vie lyrique je range sans hésiter la direction de *La Flûte enchantée*. En fait, j'ai dirigé presque tous les opéras de Mozart : *Le Directeur de théâtre, L'Enlèvement au Sérail, Il Rè pastore, Zaïde, Mitridate, Apollo et Hyacinthus, Idomeneo, La Clémence de Titus*. Dans la trilogie Da Ponte, j'ai dirigé *Les Noces de Figaro* et *Così fan tutte*; j'ai fait travailler *Don Giovanni* et l'ai dirigé en répétition mais pas en représentation hélas, puisque personne ne me l'a jamais demandé.

Comme je l'ai déjà dit, ma formation sur Mozart a commencé dès le début de ma carrière de chef d'orchestre, en étant l'assistante de l'Autrichien et mozartien Theodor Guschlbauer puis celle de John Eliot Gardiner. C'est auprès de ces deux grands chefs que j'ai approfondi le style du compositeur. J'ai essayé d'améliorer ma compréhension des livrets d'opéra, du lien profond qui unit la musique et le texte. En effet, la musique n'est pas redondante. Elle n'est jamais un pléonasme du texte, elle en est toujours un commentaire, elle en révèle une autre dimension.

Chez Mozart cette relation est passionnante à étudier. On a souvent dit que ses livrets n'étaient pas très intéressants. Je ne suis pas du tout d'accord. Si on répète cela c'est que certains metteurs en scène d'opéra ne sont pas à la hauteur – comme directeurs d'acteurs et dramaturges – pour exprimer vraiment ce que contient le livret. Heureusement des metteurs en scène contemporains venus du théâtre dramatique ont su renouveler l'approche du théâtre musical. C'est le cas de Patrice Chéreau, dont le *Così fan tutte* prouve que Da Ponte était un sacré dramaturge, et que ses livrets sont subtils, théâtralement bien organisés, la plupart du temps, autour des trois règles du théâtre classique : unité de temps, de lieu et d'action.

Au tout début de ma vie professionnelle, le classicisme me convenait parce qu'il contient le débordement des passions et leur apporte une certaine transcendance. Les passions sont exprimées avec mesure à l'intérieur d'un cadre et suggérées de façon subtile. Je ressens la musique de Mozart comme très charnelle et sensuelle mais pas directement, comme c'est le cas dans la musique romantique. La passion charnelle y reste sous-jacente, à fleur de peau. Il a compris mieux que quiconque, me semble-t-il, que tout ce qui est secret est d'autant plus intense. Cette manière subtilement détournée d'exprimer les sentiments me convient très bien. Souvent l'art de la fausse situation permet d'accéder à la vérité des sentiments.

Je prends un exemple. À la fin des *Noces de Figaro*, au début du quatrième acte, Suzanne attend Figaro la nuit, sous les marronniers, et elle chante le récitatif accompagné et l'air « *Giunse alfin il momento... Deh vieni non tardar* » [De grâce, que vienne enfin le moment... Viens, ne tarde pas]. Elle chante cette déclaration d'amour à l'attention de Figaro, qu'elle sait caché dans l'ombre, en espérant qu'il pensera que cet air ne lui est pas destiné et qu'il se croira trahi. L'expression de plénitude amoureuse rendue par un *andantino* en *fa* majeur, avec son rythme de sicilienne* sur les *pizzicati* des cordes, est d'une tendresse charnelle, d'une poésie extraordinaires.

Mozart utilise parfois des harmonies un peu dissonantes sur des mots tout à fait précis. Je pense par exemple, dans le premier acte de *Così fan tutte*, au trio « *Soave sia il vento* » [Que doux soit le vent], chanté par Fiordiligi, Dorabella et Don Alfonso, où le temps semble suspendu. À la mélancolie douce du départ, il ajoute une dissonance

– un frottement sur le mot « désir » – qui créé un mélange d'angoisse et de plaisir.

Quand on dirige Mozart, les moments les plus intenses sont les scènes d'ensembles. Il y a de grands finales qui durent vingt à trente-cinq minutes. Quand le chef débute un finale, il doit avoir du souffle et être intimement guidé par une solide construction théâtrale. Il lui faut savoir doser son énergie. Il ne s'agit plus seulement de musique, ce qu'il faut faire monter, c'est un rythme théâtral, charnel, physique comme peut l'être une relation amoureuse.

Le rôle du chef d'orchestre est alors très important. C'est lui qui détermine le tempo, la vitesse du déroulé ; lui encore qui choisit à quel moment on met de l'agitation, à quel moment on calme. Tout n'est pas inscrit dans la partition. On dispose d'une grande marge d'interprétation. On choisit les mots et l'instrument qu'on a envie de mettre en valeur.

J'aime toutes les œuvres de Mozart, bien sûr, et pas seulement ses opéras. Les *Concertos pour piano*, les *Concertos pour violon* et le *Concerto pour clarinette*, les *Symphonies concertantes pour instruments à vent ou violon et alto*, tout cela me transporte, mais c'est très différent de l'opéra. Dans le concerto, le rôle du chef d'orchestre est moindre. Il est le troisième d'un dialogue – le tiers exclu en quelque sorte. Quand on accompagne des solistes, un concerto ou une chanteuse dans un air d'opéra, il faut de la souplesse. J'ai aimé cela aussi, pouvoir me « marier » avec quelqu'un d'autre si je suis en accord avec lui. En revanche c'est une grande souffrance de devoir accompagner un soliste qui n'a pas la même sensibilité que vous et avec qui vous divergez sur la dynamique et le style. Cela arrive. On rencontre parfois, dans un concert, quelqu'un dont on n'épouse pas vraiment le jeu. Ce n'est pas agréable mais il faut suivre, tout en essayant de ne pas gêner le soliste ni l'empêcher de s'exprimer. Le désaccord est total, mais on fait avec.

En ce qui concerne les chanteurs, c'est la même chose. Là, il faut une volonté de fer pour ne pas céder à ce que j'appelle la tyrannie des chanteurs. Celle qui consiste à faire passer l'organe vocal, avec ses prouesses et ses caprices, avant la musique en elle-même. Cela revient à donner la priorité au phénomène vocal. Il y a tout un public pour cela. Pour cette raison je renonce à diriger Donizetti, Bellini et tout le bel canto italien, où le chanteur est maître et roi. Ce qui ne m'empêche pas d'être extrêmement sensible à la beauté des timbres de voix et encore plus à l'art du chant !

Ce que j'apprécie chez Mozart, c'est qu'on doit tous se plier au texte. Pour ce faire, il s'agit de trouver des chanteurs qui aiment cette discipline et aient le goût de la précision musicale. Ces chanteurs-là sont avant tout de grands musiciens. Dans le bel canto classique, au contraire, les chanteurs ont tendance à se servir du texte pour mettre en valeur leur organe. Disons que cela m'intéresse moins.

Avec Mozart, ma plus grande chance – et mon plus intense bonheur – fut toutefois de pouvoir diriger *Idomeneo* – que Mozart nomme « *dramma per musica* » – à l'Opéra de Washington, avec Placido Domingo dans le rôle-titre et Anna Netrebko dans celui d'Ilia. Cela fut un exceptionnel moment de plénitude. La symbiose opérée entre les artistes, l'orchestre et les chœurs (si importants dans cette œuvre qui n'en compte pas moins de neuf) fut totale, et cela tout au long des huit représentations données. Domingo fut l'interprète très inspiré de ce roi « déchiré », vieillissant, qui doit transmettre le pouvoir à son fils – un thème cher au cœur de Mozart, lequel chercha lui-même à s'émanciper de l'autorité paternelle, et finalement de toute autorité hiérarchique.

Pourtant, mon vrai plaisir, je l'ai trouvé dans la direction des chœurs si variés qui jalonnent la partition et prennent part à l'action. Je pense en particulier, dans l'Acte III, à la direction du chœur n° 24, *Adagio en ut mineur* : « *O voto tremendo !* » [Oh, vœu terrifiant !].

Les tempêtes et les ouragans ont ravagé la Crête, et le roi Idoménée ne doit son salut qu'à un vœu que lui a extorqué Neptune : « Tu devras m'immoler une victime humaine, la première que tu rencontreras sur la plage. » Or cette personne se révèle être Idamante, le propre fils du roi parti à sa recherche et venu à sa rencontre. Au début de l'acte, devant le peuple rassemblé, le Grand Prêtre expose les ravages sanglants perpétrés par les intempéries et presse le roi d'accomplir le sacrifice qui doit apaiser la colère des dieux.

Après les dernières paroles d'Idoménée – « *Svenare il genitore, il proprio figlio* » [Le père, immoler son propre fils] –, chantées la voix « brisée », commence dans une grande douceur tragique une marche funèbre où alterneront ensuite la violence de l'épouvante et la douleur de l'abattement.

Un mouvement perpétuel de triolets, qui passe de la nuance *piano* au *forte*, traverse tout le morceau et donne le sentiment d'un tragique inéluctable. La tonalité d'*ut* mineur – déjà employée par Mozart dans la *Grande Messe*, K.427, et *l'Ode funèbre* maçonnique – crée un climat solennel et grave. Le sacrifice et le deuil se préparent, les cordes et les trompettes jouent *con sordino*, les instruments sont en quelque sorte voilés.

La première clameur du chœur, scandée par les trompettes et les timbales, affirme une autonomie rythmique binaire, comme une résistance aux triolets de l'orchestre. La polyphonie du chœur est riche sur le plan harmonique, avec des dissonances et des accords altérés de sixte napolitaine*. Le chœur, uni dans sa douleur collective, est homorythmique*, et seuls les mots « *già regna la morte* » [déjà règne la mort.] apportent en plus l'homophonie*, ouvrant sur l'abîme du sort commun qui nous attend tous.

Chromatismes, triton (le *diabolus in musica*)*, *appogiature** sur le mot « morte », *do* répété de façon obsédante par les premiers violons, tout exprime le tourment et l'angoisse. Le Grand Prêtre implore la clémence du Ciel avant la reprise du chœur, lequel nous surprend à la fin par une modulation inattendue en *ut* majeur. Sans le pouvoir des mots, celle-ci apporte une nouvelle lumière, nous fait espérer une accalmie, une solution positive et une sérénité retrouvée.

Ce travail avec le chœur de l'Opéra de Washington fut une grande et belle aventure. (Mes enfants firent le voyage, seuls, pour venir assister à une représentation !)

Domingo me laissa le guider sans résistance ni coquetterie. La seule chose qu'il me demanda, avec beaucoup de courtoisie, fut de ralentir légèrement le tempo du chœur n° 15, *Andantino en mi majeur* – « *Placido è il mar, andiamo* » [Calme est la mer, allons] –, afin de lui donner plus d'humanité.

En faisant un bond dans l'histoire de la musique, il y a aussi une très grande partition, *L'Amour des trois oranges*, un opéra de Sergueï Prokofiev d'après un conte de Carlo Gozzi, que j'ai eu grand plaisir à préparer – et je pense là encore, à un moment bien particulier dans la partition.

Le livret, c'est l'histoire d'un prince hypocondriaque pour lequel la Cour organise toutes sortes de divertissements, invente des farces, afin de l'apaiser. Mais rien n'y fait, il reste triste et dépressif, jusqu'à ce qu'une fée, Fata Morgana, glisse et tombe les quatre fers en l'air. C'est ce qui déclenche enfin, tout bêtement, le rire du prince. Et à ce moment-là, on assiste à la naissance du rire dans la partition elle-même. Cela commence par des « Ah, ah ! » *pianissimo* ; puis le rire s'amplifie, va *crescendo*, pour aboutir à une hilarité générale, irrépressible. Quand tout le plateau – orchestre et chœur – joue la musique du rire, la salle, par contagion, éclate elle aussi de rire. C'est quelque chose d'extraordinaire ! (Le prince, guéri par ce rire, décidera finalement de partir à la recherche des trois oranges, dans l'une desquelles il trouvera la fameuse princesse, la femme attendue.)

Tous ces contes initiatiques – de *La Flûte enchantée* à *L'Amour des trois oranges* – ont, pour ceux qui les interprètent autant que pour les spectateurs, des fonctions thérapeutiques certaines, mais à force de fréquenter au quotidien des personnages de théâtre si pittoresques, on est enclin à la circonspection dans sa vie personnelle !

14.
LE « MÉTIER » DE MÈRE

Passé des débuts difficiles, mon métier de chef d'orchestre m'a comblée, je peux le dire. Ma vie artistique était riche d'innovations, de créations, dans lesquelles je m'investissais totalement. Je n'avais pas un instant pour m'ennuyer mais quelque chose en moi restait inaccompli. Disons que l'égocentrisme, le narcissisme, la mégalomanie que développent intrinsèquement ces métiers me laissaient insatisfaite et la lutte pour la gloire, le pouvoir et l'argent, frustrée, amère et parfois même carrément désespérée. Je ne voulais plus être condamnée au succès pour « exister ». Confusément, je voulais naître à autre chose.

J'étais devenue la compagne du directeur général de l'Opéra de Lyon, qui était aussi metteur en scène. Ensemble, nous avons monté des opéras dont il réalisait les mises en scène tandis que je dirigeais l'orchestre. C'était passionnant car c'était un bon musicien et un excellent directeur d'acteurs.

Évidemment, le fait d'être la compagne du directeur n'était pas toujours facile à gérer. Cela me rendait vulnérable face à l'orchestre, lequel parfois en profitait pour résister. En outre, sur les vingt-six années vécues avec cet homme, les cinq premières ont consisté en une liaison cachée. Il partageait sa vie entre sa famille « légitime » et moi – ce qui ne me satisfaisait pas du tout. En particulier parce qu'il ne voulait pas s'investir davantage, ni s'encombrer d'une paternité supplémentaire. J'ai donc été longtemps prisonnière de cette alliance ambiguë : ou bien je quittais l'Opéra de Lyon, et je perdais mon job au risque de ma carrière, ou bien je restais avec lui, en renonçant à tout le reste.

Il y a autre chose. Bien longtemps auparavant, je m'étais retrouvée enceinte de l'homme qui allait devenir bientôt, brièvement, mon mari. D'un commun accord, nous avions décidé de ne pas garder l'enfant. À l'époque, j'étais plutôt athée et encore tout imprégnée de « l'esprit 68 », de la libération des mœurs notamment. Avec cet homme, disons que nous étions de très bons copains mais nous n'étions pas du tout certains de faire notre vie ensemble. Je ne me suis même pas posé la question de savoir si j'avais envie de garder cet enfant, et encore moins s'il aurait risqué d'entraver ma carrière. Par la suite, quand nous nous sommes mariés, nous n'avions pas spécialement envie de faire des enfants. Nous étions encore très jeunes.

Les choses ne sont jamais aussi simples qu'on l'aurait cru. Je n'avais jamais parlé de cet avortement à quiconque. Je ne m'en sentais pas coupable, et personne n'avait cherché à m'en culpabiliser. Mais bizarrement, j'avais du mal à en « guérir », si j'ose dire. C'est à cette époque que j'ai commencé à faire un rêve, qui est devenu récurrent. Toujours le même. Un rêve invraisemblable, angoissant : je rêvais que j'avais tué un homme et que la police venait chez moi et déterrait un cadavre. C'était horrible. Or, du jour où j'ai pu enfin me résoudre à confesser cet avortement et à donner un nom à cet enfant, le cauchemar a disparu.

Drôle de clin d'œil de l'Histoire : en septembre 2004, à Strasbourg, mon premier discours en tant que toute nouvelle députée, dans l'hémicycle du Parlement européen, en séance plénière, fut pour défendre le droit à l'avortement en Europe, sa non-pénalisation et la liberté de conscience – tout en reconnaissant que ce n'est jamais un triomphe ou une partie de plaisir. J'ai été injuriée par les députés de la droite polonaise et slovaque. J'ai énormément pensé à Simone Veil, à son courage et sa détermination, en 1974, face à une Assemblée nationale indignée et violente.

Je me vouais vraiment à ma carrière, j'étais engloutie par elle. Elle me grisait mais, pour autant, je n'en étais pas quitte avec ce besoin de partager, donner et recevoir. C'est ainsi qu'est né mon projet d'adoption. Certes, mon métier m'offrait – à sa façon – des occasions de partage, mais mon désir de transmettre ne s'en satisfaisait pas. J'avais envie de m'accomplir davantage comme femme. Pour dire les choses simplement, la maternité me manquait. Elle m'apparaissait comme une fonction naturelle mais aussi comme le moyen de ne pas être « condamnée » à la réussite. Dans le métier de chef d'orchestre, comme dans bien d'autres, ladite réussite est chère payée. Il faut sans arrêt être sur la brèche, au mieux de sa forme et de ses « performances », passer continuellement par les médias, entretenir une certaine gloire – même si on n'est pas obsédé par elle, elle est nécessaire au développement d'une carrière.

Je finissais par me rendre compte que j'étais un peu dans un cercle vicieux, une ornière. Quelque chose en moi avait décidément besoin d'autre chose : aimer, être aimée, donner. Ma décision s'est affermie quand des amis lyonnais, Bernard et Éliane, ont eux-mêmes adopté deux enfants. J'ai réalisé non seulement que c'était possible mais que je n'avais besoin de l'accord de personne pour décider de ma propre vie. Je n'avais pas la moindre envie de bousculer mon compagnon ni de lui faire, comme on dit, « un enfant dans le dos ». Dans ma décision entrait certainement un brusque désir d'autonomie. Il arrive des moments, dans la vie, où l'on se dit : « Bon, il faut que je me débrouille toute seule. » Et on y va…

J'ai donc sciemment décidé de ne plus attendre mon bonheur de cet autre qui me semblait manquer de courage sinon d'amour. J'ai aussitôt déposé à la DDASS de Lyon une demande d'agrément pour une adoption comme célibataire. J'ai constitué mon dossier et effectué les démarches nécessaires avec patience et opiniâtreté, mais aussi avec tout le charme que ma profession m'avait appris à développer.

J'ai rencontré la sympathique Nicole Pasquier, une psychiatre pour enfants lyonnaise qui, à la suite de Françoise Giroud, avait été nommée déléguée à la condition féminine rattachée au Premier ministre, puis secrétaire d'État à l'emploi féminin auprès du ministre du Travail. Mes rencontres avec elle, et aussi avec l'assistante sociale de la DDASS de Lyon, pour laquelle j'avais beaucoup d'affection (ma grand-mère maternelle avait été assistante sociale), ont été de belles aventures humaines. Seule une élue lyonnaise, catholique intégriste, me refusa l'agrément pour la France, au prétexte que je n'exerçais pas un métier « convenable » pour une femme et que j'avais un amant. Diable ! Cela non plus ce n'était pas convenable. J'ai obtenu néanmoins l'agrément pour une adoption internationale.

J'avais tout juste 42 ans, et j'étais officiellement célibataire. On m'orienta donc vers les enfants que les couples « normaux » refusaient : les noirs, et les plus de deux ans. Auparavant, j'avais monté un dossier pour le Pérou qui, au bout d'un temps très long, avait échoué. L'assistante sociale de la DDASS m'a alors mise en relation avec Geneviève, une Lyonnaise, divorcée, qui venait d'adopter, au Togo, deux petites filles de l'orphelinat Sainte-Claire, tenu par une Franciscaine, sœur Claire. Toutes ces Claire d'un coup… Je n'ai pas pu m'empêcher d'y voir un signe favorable !

J'ai écrit à cette sœur, cette « autre » Claire, pour lui demander, comme on me l'avait suggéré, une petite fille de 4 ans environ. Les célibataires comme moi devaient, m'avait-on dit, adopter un enfant de même sexe. Par retour de courrier, j'ai reçu une réponse accompagnée de la photo d'un petit garçon de deux ans, José. Il était en pagne, bien campé sur la terre battue. J'ai tout de suite su que c'était lui.

Bien plus tard, à Lyon, quand José n'arrivait pas à s'endormir, je le berçais avec des histoires et des contes. Un soir, je lui ai raconté l'histoire de *La Flûte enchantée* de Mozart, et notamment le passage où le prince Tamino, qui vient de recevoir le portrait de Pamina, exprime son amour et son désir de partir à sa recherche. José m'a répondu doucement : « C'est comme nous Maman, tu as reçu une photo, tu m'as aimé et tu es venue me chercher. »

Mais je reprends l'histoire de José à son début. Je suis donc partie pour le Togo avec beaucoup d'appréhension. Je n'étais jamais allée en Afrique de ma vie, et je savais que le Togo n'était pas dans une situation politique très stable – il y avait eu des émeutes, des morts, etc. Ce faisant, je passais outre aux réticences de mon compagnon, lequel n'était pas favorable à ce projet qui se faisait sans lui. Il pressentait bien qu'entre nous, cette adoption était le début de la fin.

Au Togo, j'étais attendue à l'aéroport par un couple de Français travaillant pour la coopération. Ils m'ont accueillie avec gentillesse et efficacité. Il va sans dire que, cette première nuit en Afrique, je n'ai pas fermé l'œil. Le lendemain matin, à 8 heures, nous nous sommes rendus à l'orphelinat Sainte-Claire, où les sœurs avaient préparé José et m'attendaient.

Elles avaient habillé ce petit bonhomme de deux ans et demi en costume marin. Quand il m'a vue, il a détourné la tête et s'est réfugié dans les jupes des sœurs. Puis nous sommes partis sur une belle plage pour passer la journée. Il s'est endormi blotti sur mon ventre, comme un bébé en position fœtale. Moi-même, sous le parasol, j'ai fini par succomber à la fatigue. En se réveillant, José a commencé à me donner des ordres. Il m'envoyait vers l'océan avec un seau pour lui ramener de l'eau. Le soir, il a dormi dans un petit lit à côté du mien. Il gazouillait en répétant doucement « maman, maman, maman ». Il m'a adoptée tout de suite.

J'ai appris plus tard que sœur Claire n'avait pas décidé par hasard de nous réunir, lui et moi. C'est bien en pensant à lui qu'elle m'avait choisie sur dossier. José chantait et dansait tout le temps et elle avait pensé qu'il serait heureux avec une musicienne. Elle m'avait prévenue qu'il avait un tempérament et une énergie incroyables : à deux ans, il s'était montré capable d'organiser des batailles de polochons dans le dortoir, en en bloquant les portes avec les lits pour empêcher les sœurs d'intervenir.

Je suis rentrée en France avec lui, épuisée et émue. Mon compagnon ne m'attendait pas à l'aéroport. Il avait décidé de partir en voyage professionnel en Chine. J'ai donc immédiatement vécu cette maternité de manière très fusionnelle. Devenue mère, avec charge d'âme, je découvrais avec bonheur ce que signifie être tout pour quelqu'un. Cela ne m'était jamais arrivé. C'était fou ! Là, tout d'un coup, cet amour invraisemblable, absolu, cette tendresse de tous les jours, de tous les instants ! Avec ce petit garçon, je me découvrais des affinités incroyables. Cette relation m'a changée en profondeur. L'adoption, puis l'orthodoxie – dont je parlerai plus loin – ont fait disparaître mes angoisses de mort et les angoisses tout court.

Pendant les dix années qui ont suivi, la vie n'a pas été simple pour autant. J'étais devenue mère mais ma liaison continuait. Il s'agissait de conjuguer – difficilement – les deux. Mon compagnon s'est beaucoup absenté durant cette période, sans doute parce qu'il vivait mal la situation. Pourtant, j'ai fini par voir naître en lui quelque chose comme de l'admiration. Nous vivions à moitié ensemble alors, et il me voyait me lever à six heures et demie le matin pour me coucher bien après minuit. Il convenait que la quantité de travail que j'abattais, en plus de mes activités professionnelles, était « admirable » ! J'avais dû mettre sur pied toute une organisation, trouver une baby-sitter, etc. Tout cela était à assumer, y compris financièrement, ce qui n'allait pas toujours de soi. Mais quel bonheur !

J'ai dû également compter avec une coïncidence assez extraordinaire. Je venais de rentrer du Togo avec José quand j'ai reçu un appel téléphonique de Claudio Abbado. Il n'était pas au courant de l'adoption – notre intimité était étroite mais strictement professionnelle. Il m'a demandé : « Pourrais-tu venir le plus vite possible à Vienne ? J'ai besoin de toi pour faire répéter le Gustav Mahler Jugendorchester car je ne suis pas assez libre avec l'Opéra de Vienne. On répète dans un village d'Autriche, avec une centaine de jeunes musiciens de tous les pays de l'Est. » Au programme, il y avait des *Lieder* de Mahler, l'Ouverture des *Maîtres chanteurs* de Wagner, et deux *Nocturnes*, « Nuages » et « Fêtes », de Debussy. Il était très pressé, je devais lui répondre vite. Je lui ai dit : « Claudio, habituellement, je te dis oui tout de suite. Pour une fois, quelque chose de très important m'empêche de te répondre aussitôt. Je viens de rentrer d'Afrique avec un enfant. Est-ce que je peux te rappeler ce soir ? Je fais mon maximum, mais je ne sais pas si je pourrai régler le problème. » Il a eu l'air surpris mais il m'a dit que, bon, il attendrait ma réponse. J'ai appelé aussitôt la DDASS, car se posait un problème de passeport : « L'adoption plénière est prononcée au Togo, ai-je expliqué, mais pas encore en France. Quelle liberté de circulation ai-je avec cet enfant ? Est-ce que je peux l'emmener en Autriche ? » Pour moi, il était impensable que j'arrive à Lyon avec un enfant pour qui j'étais la seule référence et que je le quitte pour trois semaines. Impossible ! S'il le fallait, j'étais résolue à dire non à Abbado. À la DDASS, ils ont sans doute fait une petite – ou une grosse – erreur en me répondant : « On va vous faire un certificat de circulation en Europe, il n'y a aucun souci, vous pouvez partir. » J'ai donc trouvé rapidement une baby-sitter, Nathalie, la fille d'amis chers, qui était prête à nous accompagner, José et moi. Le soir, j'ai confirmé à Claudio qu'on arriverait le lendemain matin et qu'il faudrait prévoir deux chambres, une pour la baby-sitter et une pour José et moi.

On avait pris des billets d'avion Lyon-Paris puis Paris-Vienne. À Roissy, à la correspondance de Paris pour Vienne, un policier regarde mes papiers (j'avais José dans les bras) et me dit : « Madame, vous ne pouvez pas quitter le pays avec ce petit garçon, il n'a qu'un visa d'entrée en France. » L'Autriche, à cette époque, n'était pas dans l'espace Schengen. À la fois interloquée et furieuse, je demande à voir le chef de la police de l'aéroport. Ce dernier arrive. Par chance, il était mélomane et connaissait mon nom : « Vous êtes la chef d'orchestre Claire Gibault ! Ah, Claudio Abbado ! Vous savez, j'adore la musique, je suis fou d'opéras, de concerts. » Mise en confiance, je lui explique la situation. Il n'hésite pas une seconde : « Venez avec moi, je vais vous faire passer, je vous conduirai moi-même à l'avion. Mais je ne crois pas qu'à Vienne, on vous laissera entrer en Autriche. »

Je monte dans l'avion avec le chef de la police, et il me confie à l'équipage, qui me prodigue les mêmes mises en garde : « Ça va être difficile, vous devrez sans doute faire le voyage de retour avec nous ce soir. » À la descente de l'avion, j'aperçois le guichet de la douane et décide de ne pas prendre José dans mes bras. Je le tiens par la main, de sorte qu'il puisse passer sous le guichet sans être vu, et je ne montre pas ses papiers. Personne ne le remarque (je priais sainte Claire...), et nous entrons de cette façon en Autriche !

En arrivant, je raconte ma mésaventure à Claudio Abbado. En Autriche, la musique occupe une place prédominante. En tant que directeur musical de l'Opéra de Vienne, il était quasiment aussi important que le ministre des Affaires étrangères. Il m'obtient donc de celui-ci tous les papiers et laissez-passer nécessaires. Au retour, un chauffeur nous a conduits à l'aéroport. J'ai franchi la douane avec mon petit garçon dans les bras et en me préparant, cette fois, à montrer tous mes papiers. Je n'ai pas eu à le faire. Le douanier m'a fait signe de passer.

Le plus étonnant durant ce séjour en Autriche fut la façon dont José s'adapta à la situation. Arrivant d'Afrique, il n'avait jamais entendu ni vu de concert, et voilà qu'il se retrouvait à assister aux répétitions d'Abbado et aux miennes, seul petit enfant noir au milieu d'un village autrichien. Lors d'un déjeuner à la table de Claudio Abbado (il commençait à parler un vague français mêlé de mots Éwé), Claudio lui demande : « Ça va, mon petit ? », et lui de répondre : « Trop fort le tambour ! »

On peut dire que José a été associé très tôt à la musique. Il y a rapidement pris goût. Il est entré dans le chœur d'enfants de l'Opéra de Lyon, il a fait du théâtre, il a chanté en soliste. Il a ainsi acquis, mine de rien, une vraie culture musicale même s'il n'a pas voulu en faire sa profession.

*

Trois ans après l'adoption de José, et avec son accord, j'ai décidé d'adopter un nouvel enfant. Je sentais bien que l'amour entre mon fils et moi risquait de devenir trop fusionnel et que c'était dangereux pour nous deux. Il fallait, en quelque sorte, trianguler. José lui-même avait envie d'une sœur. Nous sommes donc partis tous les deux au Togo, au même orphelinat. Après trois années de vie ensemble, la confiance entre nous était telle que ça ne lui posait aucun problème de retourner sur les lieux où il avait vécu. Sur place, il m'a aidée d'une façon inimaginable. Il faut dire qu'avec Élise, ça ne s'est pas passé aussi aisément qu'avec lui.

Elle avait 2 ans et demi, comme José lors de son adoption. Mais elle semblait beaucoup moins bien disposée que lui. Quand elle me voyait, elle vomissait et me criait : « Va-t-en ! » Si je la prenais dans mes bras, elle faisait aussitôt pipi sur moi. Elle ne voulait vraiment pas me suivre. Sœur Claire m'a réconfortée : « C'est normal, c'est très bien, cela montre qu'elle est tout à fait consciente de ce qu'elle est en train de vivre et de perdre, c'est-à-dire un endroit qu'elle connaît, des petites copines – des repères donc –, et qu'elle a peur de l'inconnu. Il y a forcément un moment difficile, mais elle a aussi besoin de comprendre que vous êtes déterminée et que vous la voulez vraiment, que c'est un acte d'amour. Dans toute adoption, d'une certaine façon, il y a une sorte de rapt, qu'il faut assumer. Prenez-la dans vos bras, emmenez-la avec vous, même si elle pleure. Vous verrez qu'elle a besoin de ça. »

Cette sœur franciscaine était fine psychologue, elle avait été l'artisane de nombreuses adoptions. Je suis donc restée une semaine entière au Togo, et j'ai pris Élise avec moi chaque jour. Le soir je devais la ramener à l'orphelinat.

José n'avait que 6 ans. Voyant sa future sœur réagir ainsi, il me dit un matin : « Maman, ne t'inquiète pas, je vais m'en occuper. Laisse-moi tout seul à l'orphelinat, va te promener avec tes amis. (Il n'avait pas peur, il avait une telle confiance !) Je lui expliquerai comment c'est super à Lyon, la petite chambre, toi, tout ce qu'on fait ! Et elle va avoir confiance, parce que je suis noir et que je viens de l'orphelinat, comme elle. Je peux parler un peu d'Éwé pour lui rappeler sa langue. »

Je les ai donc laissés ensemble toute la journée à l'orphelinat. Quand je suis revenue, mon José s'est précipité dans mes bras en pleurant : « J'ai pas réussi, elle veut pas venir avec nous. » En réalité, il avait été formidable. Toutes les sœurs me l'ont dit : « Il parlait avec un tel enthousiasme, même du Togo, on voyait que vous lui aviez fait un beau tableau de ses origines, pour nous aussi c'était gratifiant. Il a été adorable avec cette petite fille… »

Sœur Claire a ajouté pour sa part : « Il ne faut pas vous inquiéter, partez avec elle demain, emmenez-la dans la maison où vous êtes logés. » Nous étions hébergés, à

Lomé, chez l'écrivain Ahmadou Kourouma et sa femme, une Lyonnaise que j'avais connue à Lyon et dont la fille était administratrice de théâtre. Cette femme blanche m'aidait beaucoup. Nous partagions une chambre, José, moi et Élise – laquelle gardait la mine sombre et ne nous parlait presque pas. On voyait bien qu'elle passait un moment difficile. Le plus dur, c'est quand il fallait retourner chaque soir à l'orphelinat pour lui laisser le temps de s'habituer. Là, c'était encore des crises car elle voulait y rester.

Pendant ce deuxième séjour à Lomé, nous avions été invités tous les trois à une réception en notre honneur chez la responsable de la protection de l'enfance. Et je me souviens comme si c'était hier de José, au milieu de la piscine, me criant devant tout le monde : « Tu as vu, Maman, ce que ça fait d'être toute seule, Blanche au milieu des Noirs ! »

Au bout d'une semaine, j'ai dû repartir en les emmenant tous les deux. Les sœurs ne s'inquiétaient pas outre mesure : « Rassurez-vous, tout va bien se passer, on va vous accompagner à l'aéroport. » J'ai refusé tout net : « Surtout, s'il vous plaît, ne m'accompagnez pas ! Imaginez une femme blanche avec deux enfants noirs dont l'un se débat et ne veut pas venir, ça va être horrible pour moi. »

Par bonheur, à partir du moment où Élise n'a plus eu d'autres recours que moi, elle m'a suivie sans difficulté. Dans l'avion, elle s'est même endormie dans mes bras comme un bébé, mon fils à côté d'elle.

Cela dit, à Lyon, elle a mis une bonne année avant de m'adopter vraiment. Elle faisait de la résistance passive. Elle feignait toujours de dormir pour voir si je la caressais pendant son sommeil, ou de s'endormir en mangeant pour que je m'occupe d'elle. Quant aux cadeaux que je lui offrais, elle les mettait dans une petite caisse en carton qu'elle avait placée près de la porte d'entrée. Un jour, au bout d'un an et demi, elle a pris sa caisse et l'a installée dans sa chambre. Plus incroyable encore : elle a pris une ficelle qu'elle a accrochée par un bout à son lit et par l'autre bout autour de sa taille. Oui, elle fait ça ! Elle a fabriqué un cordon ombilical ! J'ai compris à ce moment-là seulement que j'étais adoptée.

À la réflexion, je constate que tous les deux ont fait des gestes symboliques. Les enfants adoptés ont une maturité saisissante. Par exemple, ils ont voulu réapprendre à marcher avec moi. L'un comme l'autre, à des moments différents, ont fait semblant de ne plus savoir marcher. Ils auraient voulu téter à nouveau. Ils ont subitement régressé comme s'ils voulaient revivre la petite enfance, ou plutôt vivre vraiment celle qu'ils n'avaient pas eue. Tout cela était assez magnifique.

Ce qui ne veut pas dire pour autant que tout fut comme « un long fleuve tranquille ». Entre José et Élise, une concurrence assez classique a surgi. Mon fils, qui avait tant souhaité cette petite sœur, trouvait que je lui accordais trop d'importance. Il lui disait parfois : « D'abord, tiens-toi tranquille, si t'es pas tranquille, je te renvoie au Togo, c'est ma mère à moi, c'est pas la tienne ! » Entre eux deux, la compétition a été le plus souvent la règle, comme dans la plupart des fratries. Lorsque je leur donnais la permission de venir dans mon lit, ils dessinaient une séparation bien nette au milieu, et chacun n'avait droit qu'à un côté, y compris dans mes bras. Il ne fallait pas franchir la limite. Si jamais une main dépassait d'un centimètre, l'autre protestait aussitôt. Cette rivalité a été vive, et a duré très longtemps.

Certains événements de la vie quotidienne, au contraire, nous ont rapprochés davantage, jusqu'à faire bloc. Par exemple, nous avons tous les trois été en butte au racisme dans cette bonne ville de Lyon. On a craché au visage de ma fille. On m'a crié dans la rue : « Salope, tu as couché avec un Negro ! », ou « Tu nous infectes avec tes immigrés ! » Dans un restaurant, on nous a bousculés en nous disant : « Les Français d'abord ! » Mêmes les gens bien intentionnés ont eu parfois des réflexions glaçantes : « Ah, mais ils sont intelligents ! » ; ou « J'en ai deux comme cela sur mon palier », ou encore « Méfie-toi, on ne connaît pas vraiment leurs origines. »

Dans ma vie, j'ai eu souvent l'occasion de vérifier que les liens du sang n'étaient pas forcément les plus forts, ni les plus fondateurs, et que les personnes que j'ai le plus aimées n'étaient pas de mon sang. Spontanément, il me semble que j'ai eu plus d'affinités avec mes enfants adoptés que d'autres avec leurs enfants biologiques ! Certes, je sais bien que l'adoption est une démarche difficile, périlleuse même. Toutes les adoptions ne sont pas réussies, mais les filiations biologiques non plus. On m'a souvent félicitée pour mon « courage ». Cela me semblait absurde. Non, il n'y avait aucun « courage » là-dedans. Je me sentais mue par quelque chose de plus fort que moi. Mes enfants m'ont d'ailleurs sauvée autant que je les ai sauvés moi-même. Je n'ai pas regretté un seul instant de les avoir adoptés. Aujourd'hui, c'est un fait, nous nous ressemblons dans nos manières, dans nos choix. Il n'y a rien qui m'inquiète dans leur façon de penser. Je les sens forts. Mon expérience m'a confortée dans l'assurance que l'acquis était décidément plus fort que l'inné. Du moins, est-ce ma conviction.

15.
UNE INITIATION SPIRITUELLE

L'adoption a joué un rôle important dans la *métanoïa* que j'ai dû opérer pour arriver à un minimum d'équilibre. Ce mot d'origine grecque désigne une transformation intérieure, une métamorphose profonde. Il est souvent utilisé par les chrétiens orthodoxes. Ici, je l'emploie à dessein puisque ma découverte de l'orthodoxie a constitué, avec l'adoption, le deuxième grand bouleversement de ma vie.

Mes quatre ou cinq premières années passées à l'Opéra de Lyon, je l'ai dit, j'ai eu d'énormes problèmes. On pourrait résumer ainsi ma situation : du fait de mon manque d'expérience – et donc d'assurance –, de mon absence de modèle féminin dans la profession – et donc de références –, et de ma relation avec le directeur de l'Opéra, mes rapports avec l'orchestre, et les autres en général, n'étaient pas au beau fixe. Dans ma rage d'être reconnue musicienne à part entière, je gommais toute ma féminité et me réfugiais dans un « splendide isolement » qui aggravait encore la situation et creusait le fossé entre moi et les autres.

Faisant cela, je me suis emprisonnée dans une sorte d'échec intime. Car si les choses se passaient finalement bien dans ma carrière (hormis le côté relationnel), il n'en allait pas de même dans ma vie personnelle. L'homme avec lequel je vivais ne me choisissait pas vraiment, j'avais le sentiment que tout me résistait, et l'angoisse me laissait rarement du répit. Comme un mur contre lequel on se heurte, ce mal-être rejaillissait sur la façon dont j'exerçais mon métier. C'était difficile avec les musiciens d'orchestre, et cela me rendait d'autant plus insupportable le fait de ne pas avoir une « vraie » vie de femme. Or j'étais incapable de faire un choix. Je me sentais prisonnière de ma propre indécision. J'avais l'impression de perdre peu à peu sur les deux tableaux : côté carrière et côté personnel.

C'est dans cet état de malaise que j'ai rencontré une psychothérapeute qui était aussi rosicrucienne. (Rappelons que Claude Debussy et Éric Satie étaient membres de l'Ordre de la Rose-Croix ; et que Mozart, Haydn et Gluck s'étaient beaucoup intéressés aux recherches du Dr Franz Anton Messmer – qui est considéré de nos jours comme un des précurseurs de l'hypnose – sur le

« magnétisme animal ».) Mozart l'évoque avec humour dans *Così fan tutte* : la servante Despina arrive déguisée en médecin et utilise un aimant guérisseur pour soigner Guglielmo et Ferrando ; c'est une scène de magnétisme burlesque, d'autant plus que ce sont de faux malades ! Cette psychothérapeute a voulu m'emmener vers ce côté-là mais j'ai rapidement pris peur et fui. J'avais lu les anthroposophes et les théosophes, je lisais aussi Freud et Jung. J'étais évidemment en quête de quelque chose. Pourtant, après avoir assisté à plusieurs réunions de rosicruciens, après m'être intéressée d'assez près à la psychanalyse, c'est finalement vers l'Église catholique de mon enfance que j'ai eu envie de revenir. Et là, je m'y suis un peu ennuyée, je me sentais frustrée. La « froideur » du rituel catholique ne me parlait plus vraiment.

Toujours à Lyon, j'ai rencontré alors une femme médecin qui m'a accompagnée avec une grande générosité dans ma quête. Elle m'a aidée à voir clair en moi, à avoir moins peur et à faire les choix qui s'imposaient. Cette femme était aussi homéopathe, acupuncteur et auriculothérapeute. Nous avons eu de grandes conversations. C'était comme une forme de psychothérapie. Je lui ai confié ma recherche d'absolu et de perfection dans l'art ; j'ai évoqué le malaise de ma vie privée, où ce désir d'absolu était insatisfait. Elle m'a parlé de son parcours : « J'étais catholique et je me suis convertie à l'orthodoxie. Chacun est libre. Faites ce qui est bon pour vous, il y a beaucoup de voies possibles, trouvez la vôtre. »

Le témoignage de cette femme m'a apaisée et m'a aidée à réfléchir à mon propre itinéraire. Comme elle, j'avais été élevée dans une famille catholique, disons ce catholicisme d'habitudes qui a été celui de beaucoup dans l'après-guerre. Mes parents ne pratiquaient pas mais ils avaient fait faire la communion solennelle à tous leurs enfants. Par la suite, je m'étais éloignée de l'Église, comme beaucoup de gens de ma génération – celle de Mai 1968 –, sans vraie rupture mais par manque d'intérêt. Quant à l'orthodoxie, je n'en avais même jamais entendu parler.

Certes, j'avais lu *Les Frères Karamazov* de Dostoïevski, et moi qui étais très angoissée par la mort, j'avais été passionnée par les entretiens avec le starets Zosime, qui pose la question : « Comment ne pas avoir peur de la mort ? » J'ai lu des ouvrages sur la vie des saints et sur les Pères du Désert. Cela m'a donné envie d'en savoir davantage. Je suis allée suivre quelques offices dans une des églises orthodoxes de Lyon. Je ne m'ennuyais plus. J'ai été prise par le mystère (les liturgies orthodoxes sont longues et belles). J'avais l'impression d'avoir trouvé un chemin où le corps, l'âme et le cœur se réunifiaient. Un jour, j'ai demandé à me convertir. Il y a eu un petit baptême.

Il faut reconnaître que, contrairement à ce que certains pensent, le monde de la musique – le monde artistique en général – est assez radicalement athée, libre et romantiquement à gauche. Je ne parle pas seulement de l'univers du rock ou de la pop mais de la musique classique elle-même. Elle n'est pas naturellement proche de la spiritualité elle non plus. On peut très bien diriger *Les Vêpres de la Vierge* de Monteverdi ou *La Passion selon saint Matthieu* de Bach sans éprouver la moindre émotion religieuse. Tout se passe comme si l'on avait remplacé la spiritualité par l'art et la croyance par la beauté. Moi aussi, jusqu'alors, je ressentais les choses ainsi.

Mais un moment est arrivé où j'ai compris que le désir de se rapprocher de la perfection artistique, de mettre toute sa vie au service de l'art, ce n'était pas suffisant. En tout cas, pas quand il s'agit d'étancher une soif d'absolu. Il y avait une limite. D'une certaine manière, cette voie m'est même apparue comme une impasse. Pour atteindre la perfection artistique, je l'ai dit, je me croyais obligée d'être cruelle envers les gens. Je pensais assez sottement que celle-ci passait avant la perfection humaine et qu'elle justifiait donc la cruauté. Si quelqu'un jouait mal dans l'orchestre, quelles qu'en soient les raisons, il fallait le remplacer, quitte à le faire souffrir.

À cela s'ajoutaient le narcissisme et la mégalomanie dont j'ai déjà parlé, presque inévitables quand on obtient à la fois la direction, c'est-à-dire le pouvoir, et une certaine gloire. Et alors là, même si on exprime de belles choses par le truchement de la musique, même si on se consacre ainsi à la beauté, on n'en reste pas moins centré sur son expression et son plaisir personnels. On finit par se prendre pour une sorte de *deus ex machina*, assez puissant pour faire advenir le beau. Je sentais confusément tous ces dangers, toutes ces ambiguïtés. Et je me demandais : « Y a-t-il une autre voie que l'art pour approcher l'absolu et, au bout du compte, Dieu ? »

Cette voie, je l'ai trouvée dans l'orthodoxie. C'est d'ailleurs à partir de ma rencontre avec celle-ci que j'ai pu réaliser mon projet d'adoption. Par la suite, mon engagement orthodoxe a joué un rôle évident dans l'intérêt que j'ai porté à la musique pour enfant – lequel m'a poussée à mettre sur pied une vraie politique d'éducation musicale et artistique. J'ai profité en somme de la synergie entre ma vie personnelle et ma vie professionnelle pour m'occuper davantage d'éducation musicale, de transmission, afin d'offrir à un plus grand nombre d'enfants possible l'occasion d'accéder à la connaissance et à la pratique de la musique.

Ce fut une véritable métanoïa, en effet. J'étais passée de l'aide de deux psychothérapeutes à la quête d'autre chose, puis à la spiritualité orthodoxe. J'ai découvert les textes orthodoxes et j'ai compris, notamment en lisant l'archimandrite Sophrony (1896-1993), que ce qui comptait avant tout, c'était de prier. « C'est l'état spirituel des hommes, écrit-il, qui est le soubassement des événements historiques[1]. » La science philosophique ne donne qu'une compréhension intellectuelle et n'élève pas réellement dans le domaine de l'Être divin. Pour le père Sophrony, disciple de saint Silouane, « Le christianisme n'est pas une doctrine, mais la vie. [...] Le seigneur est ineffablement généreux, ajoute-t-il, mais Il se donne à nous dans la mesure où, dans notre liberté, nous sommes prêts à le recevoir[2]. »

Sur l'art – sujet qui m'intéresse plus que tout – l'archimandrite poursuit : « J'ai dit plus d'une fois qu'il fallait être un artiste pour vivre en vrai chrétien. Pourquoi "artiste" ? Parce qu'un artiste diffère des autres hommes

1. Archimandrite Sophrony, *La Prière, expérience de l'éternité*, Paris, coll. « le Sel de la Terre », Cerf, 1998, p. 155.

2. Archimandrite Sophrony, *op. cit.*, p. 155.

par la présence en lui de l'inspiration. Nous avons besoin de cette inspiration : et le monachisme est impensable sans cette inspiration d'En-haut. Comme je voudrais que vous deveniez tous des poètes ! Sans inspiration créatrice, il est difficile de passer même un seul jour comme il convient à un chrétien[1]. »

Pour moi, l'orthodoxie a été d'abord une thérapie avant de devenir bien plus que cela. Elle m'a aidée et transformée. Il est vrai qu'on parle beaucoup de la beauté de l'art dans la foi orthodoxe. Un des textes les plus connus contenant les écrits orientaux allant des premiers siècles jusqu'au XVe siècle, et recueilli par Nicodème l'Hagiorite au XVIIIe siècle, s'intitule *La Philocalie*, c'est-à-dire l'amour de la beauté – *kalos* en grec signifiant ce qui est à la fois beau et bon. La beauté sauvera-t-elle le monde, s'interrogeait Dostoïevski ?

En outre, le métier de chef d'orchestre est très charnel, or la chair n'est pas rejetée par les orthodoxes. Le désir, le plaisir, on en parlait d'une façon nouvelle pour moi. Je me disais : « Tiens, on peut se marier plusieurs fois, donc on peut se tromper, on n'est pas exclu. Ah, le plaisir

1. Archimandrite Sophrony, « Causerie avec la Communauté » in *Contacts*, n° 209, p. 15.

charnel, ce n'est pas mal. Même après la ménopause. Le préservatif n'est pas interdit ! » L'orthodoxie, pour le dire autrement, était libératrice. Parmi les pères de l'Église, les pères grecs ont été beaucoup plus ouverts, accommodants, généreux sur ce plan que les pères *latins.* Je sentais que c'était une religion où il y avait une grande exigence dans la relation avec Dieu, mais qui était beaucoup plus compréhensive, plus attachée à la compassion pour ce qui concerne les relations humaines. Le corps existe, il exulte et il n'est pas encombrant.

C'était très équilibrant pour moi, y compris dans les rapports que j'entretenais avec mon propre corps. Dans ce monde un peu sarcastique de la musique, cela m'a rendu une certaine humanité. Les autres n'étaient pas au courant de mon parcours spirituel, mais ses effets devinrent visibles aux yeux de tous. En particulier, sans doute ont-ils perçu l'adoption de mes enfants comme une vague disposition « humaniste » ou même « humanitaire », alors qu'évidemment il n'en est rien. C'était un acte personnel. On n'adopte pas des enfants pour « faire de l'humanitaire ». C'est d'un autre ordre, celui de la filiation, de la transmission. Et au total, je ne le répéterai jamais assez, avec l'orthodoxie, ce sont mes enfants qui m'ont adoucie et sauvée.

Je me suis finalement rendu compte que l'orthodoxie a même transformé mes rapports avec la musique et jusqu'à l'exercice de mon métier. Pour quelqu'un qui a voué sa vie à la musique, évidemment, la liturgie orthodoxe est puissamment attrayante. Assister à une messe orthodoxe, c'est s'immerger dans la beauté, y compris sur le plan musical. Je n'ignore pas qu'il existe des très beaux chants grégoriens, mais on ne les entend plus guère dans l'Église catholique. (Je suis allée à l'abbaye de Solesmes en écouter, mais ils deviennent rares.) Et entre le « Chez nous soyez Reine » (auquel j'avais eu droit pour ma communion catholique) et tous les chants catholiques contemporains, c'est vrai que je préfère de loin la liturgie slavonne ou byzantine.

Deux musicologues – le catholique Marcel Pérès et l'orthodoxe Lycourgos Angelopoulos – ont d'ailleurs réalisé, à l'abbaye de Royaumont, un beau travail de comparaison entre les deux liturgies. Marcel Pérès note que la différence essentielle, c'est qu'à l'Église catholique on chante pendant la messe alors qu'à l'Église orthodoxe on chante la messe.

Il démontre, preuves à l'appui, comment la musique de l'Église catholique, et même le chant grégorien, se sont peu à peu dévoyés au fil du temps. Quand le chant d'église a cessé d'être un chant de chorale professionnelle ou le chant du chantre – ce qui n'est pas le cas à l'Église orthodoxe –, il a beaucoup perdu de ce qui faisait sa beauté. Dans les premiers siècles du christianisme, les chants liturgiques comportaient ce qu'on appelle des micro-intervalles et des ornementations. À partir du moment où ils n'ont plus été chantés que par l'assistance, ces ornementations ont disparu. Les nouveaux cantiques ont perdu en complexité et en qualité. Marcel Pérès explique aussi que la suppression du lutrin (cet objet en bois qui permettait de poser la partition) a conduit les chantres à chanter repliés sur eux-mêmes, penchés sur leur partition. Ils ont perdu l'occasion de chanter à pleins poumons et d'utiliser ainsi leur voix de façon charnelle. La progressive disparition des chantres a représenté, elle aussi, une forme de désastre.

Le chant des prêtres et des chœurs orthodoxes est très incarné, on n'a pas peur de la voix personnalisée et charnelle. Le chant grégorien, en revanche, est épuré, voire désincarné, on n'y assume pas vraiment la chair, comme si cette dernière était un obstacle pour aller vers Dieu. Même les sermons d'un prêtre catholique portent trace de cette différence. La voix parlée est le plus souvent uniforme, dépersonnalisée pourrait-on dire : tous les prêtres ont la même élocution, la même intonation – celles, sans doute, qu'on leur a enseignées durant leurs études. Au sein de l'Église orthodoxe, les chœurs sont mixtes – sauf bien sûr dans les monastères d'hommes – et dans les homélies après l'Évangile par exemple, chaque prêtre garde sa personnalité. Pour eux, le fait d'être mariés leur assure une proximité avec l'assistance et un équilibre personnel. Ce qui fait la beauté de cette musique – toujours *a capella*, comme si l'usage d'instruments risquait d'y introduire le *diabolus in musica*! –, de cette musique qui va du cœur aux lèvres, c'est qu'elle engage le corps tout entier. Celui-ci est l'instrument qui parle à Dieu sans intermédiaire.

La force du chant orthodoxe a tout de suite comblé la musicienne sensible à la voix que j'étais. Je n'en avais jamais écouté auparavant, et cette rencontre a fait partie du chemin. Au-delà de l'émotion, j'éprouvais une espèce de vérité intérieure qui s'installait en moi. Je m'y sentais bien, en harmonie. Je suis vite devenue une passionnée de chants orthodoxes. Dans ma voiture, je me « shoote » encore souvent aux chœurs de l'abbaye de Chevetogne, une abbaye belge et catholique, mais où les moines y chantent merveilleusement la liturgie orthodoxe, en slavon. Il existe d'autres monastères catholiques qui pratiquent ce chant – comme celui de Bose, en Italie, où le prieur Enzo Bianchi a conduit un travail très intéressant sur l'icône et la liturgie.

On pourrait m'objecter qu'on ne va pas à l'église pour écouter de l'opéra et que, justement, dans l'Église orthodoxe, la musique est parfois trop extravertie, un peu trop « nationaliste russe » si j'ose dire, et que cela peut ressembler à de l'opéra. J'entends bien cette critique. Elle n'est pas complètement infondée, mais je répondrai que, d'une part, cela dépend des endroits et que, d'autre part, tout est affaire d'équilibre. En tout cas, il faut reconnaître aux chants de la musique orthodoxe la qualité intrinsèque de la ligne mélodique et de l'harmonie (ces chants sont harmonisés, à plusieurs voix). Le chœur répète, les choristes ont une fonction de dialogue avec le prêtre. Ils font parfois des erreurs, ce n'est jamais parfait. Il n'empêche que je préfère cela à une assistance qui chante n'importe quoi.

Dans l'orthodoxie, les icônes ont une grande importance. J'y suis devenue particulièrement sensible. La première fois que j'ai regardé une icône avec attention, c'était à Moscou. Entre deux répétitions et un concert de musique française à la salle du Grand Conservatoire, j'étais allée visiter les salles d'art ancien de la galerie

Trétiakoff, où resplendit parmi d'autres l'icône de La Trinité, peinte par Andreï Roublev en 1422. Ensuite, ce fut le film d'Andreï Tarkovski, *Andreï Roublev*, sorti en 1969 au Festival de Cannes, que j'ai reçu comme une invitation à entrer dans le Mystère. Je suis émue par la splendeur des visages, des regards, par leur lumière. Quand je dirige l'orchestre, je ne vois que les visages des musiciens assis (les pupitres me cachent leurs corps), et c'est d'abord par le regard que nous communiquons.

Quand je contemple une icône, me reviennent toujours en mémoire ces quelques lignes, si justes, du père Boris Bobrinskoy : « Découvrir une icône du Christ c'est, avant tout autre chose, découvrir et dégager une correspondance intérieure, sans laquelle la vision est impossible. Correspondance entre l'icône qui se livre à notre égard et qui nous sollicite et l'icône intérieure qui vit à la fois au plus profond de l'être et qui se forme peu à peu en nous, comme la présence la plus secrète et la plus vivante[1]. »

---

1. Préface du père Boris Bobrinskoy au livre de Daniel Ange, *L'Étreinte de feu*, Paris, Desclée de Brouwer, 1980.

16.
LE PÈRE SYMÉON

Ma découverte de l'orthodoxie elle-même s'est trouvée incarnée, au sens le plus fort du terme. Je veux dire qu'elle n'a pas été seulement une aventure spirituelle. Elle est passée par une rencontre avec un homme dont le rayonnement a beaucoup contribué à transformer ma vie. C'est ainsi. Il arrive que surgisse dans votre vie un personnage déterminant. Pour moi, ce fut le père Syméon, disparu durant l'été 2009.

Au mois d'août 1997, je dirigeais l'opéra de Rossini, *Le Comte Ory*, au festival de Glyndebourne, dans le sud de l'Angleterre, un festival d'art lyrique créé en 1934 par de riches mélomanes qui ont fait construire un magnifique théâtre à côté de leur demeure. C'est aujourd'hui un festival réputé. Conformément à la tradition, les spectateurs profitent des longs entractes pour aller pique-niquer dans le parc, en tenue de soirée et à la lumière de chandeliers. Les repas sont en général bien arrosés, et la seconde partie de la représentation est parfois… aléatoire, côté public.

Le Comte Ory est l'avant-dernier opéra composé par Gioacchino Rossini, sur un livret français d'Eugène Scribe. Autant la partition musicale est jubilatoire, délicieuse parfois, autant le livret est à la fois lourd et vulgaire : des chevaliers se déguisent en nonnes pour pénétrer à l'intérieur d'un couvent, faire bombance et tenter de violer quelques religieuses au passage. Jérôme Savary, avec sa truculence, avait réalisé la mise en scène de cette « farce » lyrique. Il pouvait compter sur d'excellents chanteurs, comme Annick Massis dans le rôle de la comtesse Adèle ou Ludovic Tézier dans celui de Raimbaud.

J'avais dirigé de nombreux opéras-comiques d'Offenbach à l'Opéra de Lyon – *Les Brigands*, *La Belle Hélène*, *La Périchole* – et aussi des opérettes. Je n'ai jamais dédaigné ce genre musical, j'y ai même pris beaucoup de plaisir. Il faut dire qu'Offenbach parvient à marier la musique et le rire avec une intelligence exceptionnelle. Le résultat n'est jamais scabreux, ni trop au premier degré. En revanche dans cette production-là, je n'arrivais pas à m'investir vraiment, ni à goûter les plaisanteries salaces. Je me sentais un peu décalée.

Anne, une amie médecin, poète et mélomane, me recommanda d'aller, entre deux représentations, visiter un monastère, situé dans l'Essex. Cela me changerait les idées. Elle ajouta que se rendaient là-bas des intellectuels mais aussi des musiciens, comme Arvo Pärt. En fait, des chrétiens de tous horizons, orthodoxes, catholiques et protestants avaient pris l'habitude de s'y retrouver.

Accompagnée de mes deux enfants, j'ai donc pris ma voiture pour aller au monastère Saint-Jean-Baptiste de Tolleshunt Knights, près de Maldon, au bord de la mer du Nord. En arrivant, la première personne qui m'accueillit fut le père Syméon, un vieux moine tel qu'on en voit sur les images, avec une grande barbe blanche et un air malicieux. Il avait été averti de mon arrivée. D'origine suisse, il parlait très bien plusieurs langues, dont le français. Tout de suite il s'est enquis de mon bien-être et m'a invitée à venir bavarder dans son bureau.

Ce fut d'emblée une vraie et forte rencontre, de personne à personne. Plus tard, au cours d'une des innombrables conversations que nous avons eues, il m'a dit une chose qui me bouleverse encore et, en même temps, me met mal à l'aise (sachant que l'enseignement de l'orthodoxie privilégie la douceur, la simplicité et l'humilité) : « Vous êtes la personne la plus douce que je connaisse. » Je lui ai répondu : « Ce n'est pas difficile pour moi, je n'ai aucun mérite, puisque toute la violence que j'ai en moi, je l'exorcise dans mon métier. Ce besoin d'autorité, de pouvoir, de coercition, je le reporte sur la direction d'orchestre. Du coup, dans ma vie personnelle, il ne reste plus que la douceur. J'ai même tendance à en rajouter pour me faire pardonner "l'autre côté". »

Ce fut le début d'un long échange, étalé sur plusieurs années, et qui allait littéralement « labourer » ma vie, mais sans que rien ne soit dicté ou même énoncé. Peu à peu, d'autres valeurs allaient croître, s'épanouir en moi, et d'autres choix allaient s'imposer. J'ai tout de suite su que cette rencontre avec le père Syméon serait décisive. Elle l'a été. Pendant douze ans, plusieurs fois par an, je suis revenue le voir. J'ai eu le privilège d'être guidée sur mon chemin par un starets exceptionnel, qui n'avait pas peur de se comporter comme un ami. Il est mort le 20 août 2009, à 23 h 50, à l'âge de 81 ans, entouré de toute la communauté au sein de laquelle il vivait depuis 1959 et qui l'aimait.

Quand, vers la fin du mois d'août, je quittais Paris en voiture pour me rendre au monastère de Maldon, la route était toujours dégagée et ensoleillée. Passé le tunnel sous la Manche, le Dartford Tunnel, les villages de Kelvedon puis Tiptree, en empruntant le chemin ombragé bordé de haies, de mûres et d'airelles, j'avais l'impression de me retrouver « à la maison », chez moi. Je savais que j'étais attendue et que, dès mon arrivée, on allait m'accueillir avec tendresse, attention et amour. Le père Syméon savait offrir tout cela à ses enfants spirituels : l'intime certitude qu'ils étaient uniques pour lui et pour Dieu, et même que lui, comme Dieu, avait besoin de nous ! Quand je quittais le monastère, il m'accompagnait toujours jusqu'à ma voiture et restait sur le bord du chemin à faire de grands signes jusqu'à ce que je disparaisse au loin.

L'été, avec les autres visiteurs, il y avait les cafés pris ensemble à côté de la petite cabane en bois au fond du jardin, où il se retirait volontiers pour écrire. Il avait installé une vieille table de jardin et des chaises sous un arbre et nous servait du café « turc », des chocolats, des gâteaux… Il était soucieux de nous mettre en relation les uns avec les autres tout en nous rendant autonomes, sans aucune dépendance à son égard.

Je me souviendrai toujours du 31 décembre 2008. Le père Syméon sortait de soins intensifs à l'hôpital, il était très faible. Il m'a pourtant accueillie avec cette phrase magnifique : « Je n'osais espérer votre venue. »

Lors de nos entretiens à deux, qui duraient parfois plusieurs heures, il préparait la boîte de Kleenex – « pour les larmes », comme il disait en plaisantant – mais il ne me laissait jamais m'apitoyer sur moi-même ni me lamenter sur mes problèmes ou mes soucis. Si je le faisais, il pouvait devenir sec et sévère. Il commençait toujours par des tas de questions matérielles sur mon voyage. J'ai fini par comprendre que ma manière de répondre à ces questions le renseignait sur mon état spirituel, mon degré d'humilité, ma patience et ma capacité à m'abstraire, ou non, de mon ego. Ensuite il guidait la conversation pour vivifier en moi l'amour des autres, l'intérêt pour l'humanité et le désir de prière. « Patience. Patience. Patience, répétait-il. Patience, amour et humilité, et pas de peur ! »

Dans la vie de l'Église orthodoxe, il y a une pratique très profonde : la prière de Jésus. Elle consiste à répéter sans cesse avec ses lèvres, son cœur et son esprit, la formule « Seigneur Jésus-Christ, Fils de Dieu, aie pitié de moi, pécheur ». Cette prière, dit un texte de la Philocalie, nous vient des saints apôtres. En Occident, la prière de Jésus a été popularisée par un petit livre rédigé de manière anonyme dans la deuxième moitié du XIXe siècle, intitulé *Les Récits d'un pèlerin russe.* Dans le n° 7 de *Buisson ardent,* le cahier de l'Association Saint-Silouane, sur la Paternité spirituelle, à la page 138, il y a justement un texte du père Syméon sur la pratique de cette prière de Jésus :

« *La prière révèle nos passions*, écrit-il. [...] *Il pensait que la répétition de la prière de Jésus lui apporterait paix, chaleur et apaisement intérieur, et il découvre subitement que c'est justement le contraire qui lui arrive. Au lieu de trouver la paix, il est en proie à une agitation inaccoutumée, à une multitude de pensées importunes qui le distraient, qui le tourmentent... Ce n'est pas la prière qui produit ces résultats, mais elle révèle ce que nous avons en nous, notre propre état spirituel. Lorsqu'on fait une radioscopie à quelqu'un qui a la tuberculose et que l'on découvre des ombres à ses poumons, ce n'est pas la radioscopie qui provoque la tuberculose mais elle la révèle. Les choses se passent comme si nous projetions constamment un film sur un écran à l'intérieur de nous. Tant que cette projection se fait en plein jour, on ne voit pratiquement rien sur l'écran. Mais si nous diminuons progressivement la lumière, nous verrons apparaître de plus en plus clairement le film qui se projette sur l'écran. Ce n'est pas la diminution de la lumière qui crée ces images, mais elle en rend possible la vision. Il se produit quelque chose de semblable avec la prière. La prière ne provoque pas l'irruption en nous de mauvaises pensées, mais elle les révèle. Elle révèle ce que nous portons en nous et que les Pères appellent les passions.* [...] *Par la pratique de la prière de Jésus, nous devenons plus lucides sur nous-mêmes, nous commençons à voir quelles sont les passions qui nous asservissent et que nous devons combattre avec l'aide de Dieu pour qu'elles se transforment en vertus.* »

Le père Syméon évitait toute confidence personnelle. Ce n'est pas cela qui l'intéressait. Si je commençais à me plaindre d'une situation, et surtout d'une certaine personne, qui me posaient problème, en face de moi, il se faisait soudain un grand silence. Plus de réactions. Je comprenais tout de suite qu'il fallait arrêter, que c'était à moi de changer. En d'autres termes, il me faisait comprendre qu'il n'était pas mon psy. Nous étions sur un autre plan.

C'était vraiment un maître spirituel. Il ne me donnait aucun conseil sur ma vie privée (« Je ne m'opposerai jamais à votre liberté », m'avait-il dit un jour). Sauf une seule fois. C'était au tout début. Je lui avais parlé de ma situation personnelle et il m'a répondu : « L'homme avec lequel vous êtes à Lyon est un frein dans votre vie spirituelle. » Le plus extraordinaire, c'est qu'un mois après qu'il m'a dit cela, ça a été le cataclysme dans ma vie : j'ai été mise à la porte de l'Opéra de Lyon par le nouveau directeur. Or cette rupture avec l'Opéra de Lyon a précipité ma séparation d'avec mon compagnon. Quand on entre dans les prières d'un homme comme le père Syméon, il faut s'attendre à ce que ces dernières soient actives, et efficaces !

Lorsque je lui ai appris qu'on me proposait d'aller travailler à Rome, il en a été très content. Il m'a dit : « Ah ! Vous partez pour la *città aeterna* ! Cette expatriation vous sera bénéfique. »

Au début de notre rencontre, je lui avais confié : « J'ai été baptisée orthodoxe mais depuis quelques années je suis moins assidue, j'ai besoin de me recentrer un peu. Je suis venue à l'orthodoxie comme vers une bouée de sauvetage, encouragée par des amis. Je n'aimerais pas y être venue comme on adhère à une secte. Je ne cherche pas un gourou, je ne veux pas être manipulée. » Il m'a répondu : « Vous avez totalement raison. Vous n'allez pas communier pendant au moins une année et vous allez bien réfléchir pour savoir si vous avez envie de continuer dans l'orthodoxie. On reste en contact, vous me direz ce qu'il en est. » Et il est arrivé un moment où je lui ai dit que j'avais envie de communier à nouveau, mais que je souhaitais que ce soit avec lui, au monastère de Maldon. C'est ainsi que les choses se sont passées. Avec lui, et après l'épreuve qu'il m'avait suggérée, j'ai re-choisi l'orthodoxie.

Une chose est sûre : aux premiers temps de notre rencontre, je me souviens que je cherchais beaucoup. Un jour je l'ai interrogé : « Au fond, après tout ce chemin et tout ce que je commence à comprendre, peut-être faudrait-il que j'entre dans un monastère ? » Il a éclaté de rire !

Je pense que sa réaction était bienveillante, cela pouvait signifier : « Ne vous posez pas cette question. » N'empêche que, sur le coup, je n'ai pas vraiment compris. Son éclat de rire m'a tellement vexée que je suis entrée dans une espèce de colère intérieure. J'ai pensé : « Qu'il crève ce vieux con ! Il prend l'avion demain, que son avion s'écrase ! » C'était d'une violence telle que je n'en avais pas connue de toute ma vie, jamais je n'avais pensé cela de quiconque.

Il m'a dit ensuite : « En tout cas, pas ici ! », et il a ajouté : « Écoutez, Claire, vous avez deux enfants qui ont besoin de vous, occupez-vous donc d'eux, et continuez d'exercer votre beau métier. »

J'avais réagi en fait comme une imbécile. Pendant deux à trois heures, je me suis trouvée incapable de prier, j'étais dans une confusion horrible. Je me sentais subitement exclue, mise à distance, comme une visiteuse qui viendrait faire du tourisme spirituel et serait en quête de sensations en milieu monastique. Et son rire ! Il s'était moqué de moi !

Le lendemain, je lui ai avoué la vérité : « Vous savez, père Syméon, j'ai souhaité votre mort ! » Il a de nouveau éclaté de rire avant de conclure : « C'est sans doute que j'avais touché le point sensible. » Plus tard, un de mes amis à qui j'ai raconté l'incident et ma violente réaction s'est exclamé : « Tu ne t'es pas rendu compte qu'il te faisait un énorme compliment en te disant "surtout pas ici" ! »

Par la suite, quand il y a eu de nouveau un homme dans ma vie – un grand amour –, le père Syméon s'est montré beaucoup plus libre avec moi. Sans doute parce qu'il n'a plus eu peur que je fasse un transfert, que je sois envahissante et devienne une espèce de groupie spirituelle ! Quand je lui ai expliqué que ce nouveau compagnon n'assistait jamais à mes concerts, il s'est exclamé : « Mais il est très bien cet homme ! » Il avait raison. Mieux vaut se sentir aimé comme une personne plutôt qu'à travers une fonction ou comme célébrité. C'est exactement ce que je cherchais depuis mon enfance. J'étais comblée ! Il a ajouté : « Faites attention, il ne faut pas aduler, idolâtrer, nourrir l'orgueil des personnes que l'on aime, car on risque de devenir pour elles un obstacle à la venue de la grâce de Dieu. »

À partir du moment où le père Syméon a vu que j'avais de l'autonomie par rapport à lui, tout est devenu simple entre nous. Au début, c'est toujours moi qui demandais à lui parler, qui étais en attente d'un rendez-vous. Il me faisait patienter deux ou trois jours avant de me dire quel jour et à quelle heure je pourrais le voir. Par la suite, les rapports se sont inversés. Quand j'arrivais, c'est lui qui venait vers moi, tout joyeux. Alors je disais : « Je suis à votre disposition ! »

Dans nos conversations, on abordait beaucoup de sujets. C'est lui qui m'a conseillé de lire le juriste et théologien protestant Jacques Ellul, par exemple. Il m'a aussi fait découvrir René Girard et sa théorie du *Bouc émissaire*, que l'on appliquait ensemble à la lecture du monde. Parfois, je lui parlais des difficultés avec mes enfants. Il s'intéressait beaucoup à eux. Il m'avait dit : « J'ai un ami, Jacques Guillon, qui a écrit *Cet enfant qui se drogue, c'est le mien...* On aime ses enfants tels qu'ils sont, et je comprends qu'on les aide au maximum. »

Le père Syméon me faisait également lire le philosophe protestant Paul Ricœur. Lui-même avait été protestant, comme Ricœur et Ellul. Il était même, je crois, passé par les trois religions. En tout cas, il avait une grande tendresse pour les protestants et pour les catholiques. Il avait une formation d'avocat et prenait plaisir aux échanges intellectuels. Il avait lu le jeune philosophe français Olivier

Rey, chercheur au CNRS, en particulier *Itinéraire de l'égarement*[1] et *Une Folle Solitude*[2]. Nous l'avions rencontré ensemble à Paris, et j'avais assisté à un très bel échange entre eux, notamment sur la mort de Jésus et de Socrate. À la fin de sa vie, il a eu besoin de voyager, de voir le monde, de respirer hors du monastère. Il a commencé à faire des pèlerinages avec l'Association Saint-Silouane. Il est allé en Roumanie, en Terre Sainte, au Mont Sinaï, à Patmos, à Chypre.

Lors du dernier entretien que nous avons eu en 2008, au moment de Pâques, il m'a révélé sa maladie en me demandant de ne pas m'inquiéter car il se sentait serein malgré « la sévérité du diagnostic ». Je l'ai remercié de m'avoir fait découvrir cette liberté du dialogue vertical avec Dieu tout en me laissant vivre certaines situations qui ne semblaient pas en accord avec les commandements de l'Église. Il m'a répondu : « Cela ne m'a pas été difficile. Je vais vous faire une grande déclaration : je vous aime, et j'ai confiance en vous. » J'en ai été bouleversée.

*

1. Seuil, 2003.
2. Seuil, 2006.

Le père Syméon aurait souhaité rencontrer l'écrivain et journaliste Jean-Claude Guillebaud. Lorsqu'il venait à Paris, il passait toujours à la libraire La Procure. C'est là qu'il avait découvert, par hasard, *Le Principe d'humanité*, puis *La Refondation du monde* et *La Tyrannie du plaisir*[1]. Il m'avait dit qu'il appréciait les sujets traités par Jean-Claude Guillebaud, ses constats sévères, sa façon d'analyser les problèmes de société et l'évolution du monde, sa liberté de conscience, son humour joyeux aussi, et son esprit positif qui ne désespérait jamais de l'homme, bref son « Goût de l'avenir[2] ». Lui qui vivait en marge du monde trouvait dans les livres de Guillebaud une manière de rester ouvert aux questions, parfois angoissées, que lui posaient ses visiteurs, ses enfants spirituels.

Cela a fini par devenir un rite : chaque fois que je lui rendais visite, je lui apportais la dernière parution de Jean-Claude Guillebaud, lequel était loin de se douter que, dans un petit monastère anglais au bord de la mer du Nord, un vieux moine le lisait avec « appétit ». Ils n'ont

1. Jean-Claude Guillebaud, au Seuil : *Les Principe d'humanité*, 2001 ; *La Refondation du monde*, 1999 ; *La Tyrannie du plaisir*, 1998.

2. Titre d'un autre ouvrage de Jean-Claude Guillebaud, Paris, Seuil, 2003.

jamais pu se rencontrer, la maladie du père Syméon ne leur en a pas laissé le temps.

*

On me demande parfois comment José et Élise, mes enfants, ont vécu ce parcours spirituel et ma découverte de l'orthodoxie. Les choses se sont passées très naturellement. Dans mon choix d'adopter deux enfants, l'une de mes motivations, je l'ai dit, était le souci de transmettre. Paradoxalement, le lien entre l'orthodoxie et mes enfants s'est établi sur cette base. Pourtant ils avaient été baptisés catholiques par la sœur franciscaine, et je respectais cela. Je les avais amenés avec moi lors de ma première visite au monastère, et le père Syméon m'avait tout de suite dit : « Vous ne pouvez pas rester longtemps ici avec des petits enfants. Emmenez-les promener. »

Par la suite, José et Élise m'ont accompagnée à plusieurs reprises. On dormait à l'hôtel d'à côté ou dans des *Bed & Breakfeast* afin qu'ils se sentent plus libres. Quand il nous arrivait de prendre un repas à la cantine du monastère (où le repas végétarien était un peu frugal pour eux), on allait ensuite au village manger des *Fish & Ships* ou encore un bon hamburger au McDonald, pour que ce soit plus divertissant. Quand ils avaient entre 9 et 12 ans, je m'en souviens, le père Syméon me disait parfois : « Allez donc à Cambridge faire du *punting* (une sorte d'aviron) avec eux, emmenez-les à Oxford ou bien à Londres, voir les Turner à la Tate Gallery. »

C'est durant cette période que tous deux ont demandé d'eux-mêmes au père Syméon de devenir orthodoxes. Il est vrai qu'à cet âge, un enfant perçoit mal la différence entre le catholicisme qui est sa religion (il sait juste qu'il est baptisé) et une autre, comme l'orthodoxie. En revanche, ils découvraient en même temps que moi cette liberté joyeuse dans le culte orthodoxe. Pendant le déroulement de celui-ci, on peut entrer et sortir, les enfants courent partout, ils jouent au mikado, peuvent apporter leurs poupées, cela ne dérange personne. C'est comme ça. Ils adoraient allumer les bougies, embrasser les icônes, ils se sentaient à l'aise.

Malgré tout, le père Syméon leur a dit : « Non. Les enfants, il ne faut pas devenir orthodoxes pour faire comme Maman. D'abord vous allez partir vivre en Italie – je venais d'être nommée à Rome – et là, ce n'est pas la peine d'être trop singularisés. Vous serez à l'institut catholique Saint-Dominique. Déjà que vous êtes noirs, si en plus vous êtes orthodoxes, à Rome, ça ne sera pas facile pour vous. Vous déciderez plus tard. Il n'y a rien d'urgent. Et puis, Maman vous accompagnera à l'église catholique. »

Ils ont donc fait leur confirmation et leur communion catholiques à Rome. Nous allions un dimanche à l'église catholique, un dimanche à l'église orthodoxe. Ils m'accompagnaient et je les accompagnais. Nous avons vécu les choses de cette façon, sans problème. On se disait parfois que, dans notre famille, nous vivions la douleur de la séparation, puisqu'ils ne pouvaient pas communier à l'église orthodoxe ni moi à l'église catholique, mais qu'au fond nous communiions ensemble dans notre vie. C'était notre façon à nous de vivre la séparation des Églises, tout en ayant à cœur de les réunir.

Je ne pense pas que cela leur ait posé de problème. Notamment au moment de la préadolescence puis de l'adolescence, par rapport à leurs petits copains d'école, dans un pays comme la France, plutôt laïque, peu religieuse et même assez déchristianisée. D'abord, parce que je crois qu'ils n'en parlaient pas vraiment. Ils sont toujours catholiques, mais ils ne pratiquent plus. Chose extraordinaire : ils ont intériorisé la prière de Jésus, et quand ça ne va pas, c'est à elle qu'ils se raccrochent. En fait, ils prient beaucoup.

Tout récemment, en allant au mariage catholique du fils d'un de mes amis, on a assisté à une très belle messe, et je ne m'y suis pas ennuyée du tout. On a prié, José et moi, l'un à côté de l'autre. Sur le chemin du retour, dans la voiture, il m'a dit : « Maman, demain matin je vais à la liturgie orthodoxe avec toi parce que, quand même, je m'y sens mieux qu'à l'Église catholique. » Il m'a donc accompagnée, et nous avons à nouveau prié côte à côte.

Je les laisse libres. Ils sont toujours catholiques mais ils disent volontiers que, d'une certaine façon, ils sont aussi orthodoxes.

17.
UN DÉTOUR PAR L'EUROPE

Pendant quelque temps, la musique s'est plus ou moins éloignée de ma vie, disons plutôt que c'est moi qui me suis tenue éloignée d'elle. Il y a eu une parenthèse de cinq années dans ma vie. Elle n'était pas préméditée mais s'est révélée plus enrichissante que je ne l'imaginais, y compris sur le plan musical.

Vu de l'extérieur, cela peut paraître bizarre qu'un chef d'orchestre devienne tout à coup députée européenne. C'est pourtant ce qui m'est arrivé, et cela alors même que j'étais totalement étrangère à la politique. Je n'avais jamais assisté à un meeting, ni milité dans un parti, ni adhéré à un quelconque mouvement.

Ma seule formation politique, au fond, s'était faite au sein de l'Opéra de Lyon, quand j'avais dû essayer de définir ce qu'était une politique culturelle, sur quel public elle devait porter. J'avais alors travaillé avec les comités d'entreprise des usines, avec les enfants. C'était ma façon à moi de faire de la politique. Avec l'orchestre de

Chambéry, j'étais souvent allée défendre moi-même mon budget aux conseils municipal, général et régional. J'avais ainsi été initiée aux fonctionnements de ces grandes institutions politiques. Ma formation politique, si on peut parler ainsi, s'était faite sur le tas, une formation pragmatique et concrète, avec un sens des responsabilités par rapport aux citoyens et à la manière dont on dépense l'argent public. D'une certaine façon, c'est vrai, une politique culturelle, pour peu qu'elle ait un sens, peut transformer la société. De ce côté-là, j'étais préparée. En revanche, j'ignorais tout du fonctionnement des partis politiques.

Sur le fond, j'étais évidemment européenne. Les artistes sont européens depuis toujours. Mozart parcourait déjà les routes cahoteuses de l'Europe en diligence. Pour renouveler son inspiration, il est allé en Italie étudier l'art du contrepoint, par exemple ; il sillonnait l'Europe entière pour apprendre des uns et des autres et donner des concerts. Par nature, les artistes ont besoin de ce renouvellement de l'inspiration, de cette prise en compte des autres styles. Ainsi, la culture européenne a-t-elle des racines très profondes.

Moi-même, pendant mes années à l'Opéra de Lyon, tout en aimant profondément mon travail avec l'orchestre de jeunes musiciens créé par John Eliott Gardiner – ils étaient beaucoup plus ouverts et curieux que bien d'autres –, j'avais ressenti le besoin de quitter la France. Il fallait que je rencontre d'autres sensibilités musicales, que ce soit en Allemagne, en Autriche ou, bien sûr, en Italie. Je pensais qu'on doit savoir briser les nids trop confortables pour aller voir ailleurs. J'étais allée diriger un peu partout en Europe, y compris à Copenhague, Stockholm, Bonn, Vienne, Londres, Glasgow, Édimbourg, Dublin. J'avais une connaissance pragmatique de la culture européenne.

À ce titre, le projet européen me concernait directement. Mais je n'avais aucune idée du fonctionnement des institutions européennes, dont on ne parlait vraiment pas beaucoup, il faut bien l'avouer. Je ne savais pas très bien à quoi servait un député européen. Cela dit, j'avais toujours voté pour l'Europe, en particulier, en 1992, au moment de Maastricht. Il n'empêche que la proposition qu'on m'a faite un jour était totalement inattendue.

Je connaissais bien l'homme politique lyonnais Jacques Moulinier et sa famille. Membre de l'UDF, il siégeait en tant qu'élu au conseil d'administration de l'Opéra de Lyon et m'avait interviewée plusieurs fois. Avec son frère et des amis journalistes, il avait publié un journal qui s'appelait *Lyon Forum*. Il m'a appelée à mon retour d'Italie après mes trois ans passés à Rome. Il m'a dit : « Michel Mercier, le président du conseil général (qui est aussi au conseil d'administration de l'Opéra de Lyon) et moi-même, on est chargés, de la part de François Bayrou, de te proposer d'être deuxième sur la liste pour les élections européennes dans le Sud-Est. »

J'ai éclaté de rire : « Vous êtes complètement fous, je n'y connais rien, en plus je n'ai jamais voté pour Bayrou. Pourquoi me demandez-vous ça ? C'est bien la France ! Ce pour quoi je suis faite, on ne me le propose pas, et ce à quoi je ne connais rien, on vient me l'offrir. » Il a insisté : « Claire, réfléchis bien, c'est quand même très intéressant. » J'ai dit : « Oui, je me rends compte que c'est une marque d'estime et de confiance de votre part. Il y a beaucoup de gens qui militent depuis des années et qui aimeraient certainement recevoir cette proposition. J'imagine que si vous venez vers moi, c'est parce que j'ai une certaine notoriété dans la région. » Il a encore insisté : « Renseigne-toi bien, regarde ce que c'est qu'un député européen. Tu pourrais être à la commission Culture, tu serais notre personnalité culturelle. »

J'ai beaucoup hésité. J'ai appelé mes amis artistes, de gauche et de droite : « Qu'est-ce que je fais ? Vous ne m'en voudrez pas ? Est-ce affreux de se compromettre avec des politiques ? » Il est vrai que j'avais été accoutumée à un devoir de réserve. Quand on est en poste dans un établissement lié à une municipalité, on doit pouvoir travailler avec le maire quelle que soit sa couleur politique. J'avais donc pris l'habitude de m'abstenir de toute déclaration qui ne concerne pas directement la programmation culturelle.

Au bout du compte, je me suis dit, pourquoi pas ? Cela arrivait juste après mon « limogeage » de l'Opéra de Lyon et mon séjour en Italie. J'étais libre, et plusieurs amis de gauche m'avaient rassurée : « Quand même, Bayrou, c'est le plus européen de tous. Son parti est celui de Robert Schuman (le politique), de Jean Monet, de tous ceux qui ont été les plus ardents défenseurs de l'Europe. Tu ne risques rien, vas-y, tu nous défendras ! » Tous m'encourageaient à y aller.

Cinq jours après le coup de téléphone de Jacques Moulinier j'ai donc donné mon accord. Je suis allée rencontrer François Bayrou au siège du parti. Je les ai prévenus : « Vous savez, je n'aurai pas le temps de militer – j'avais des concerts, et je dirigeais au Châtelet –, je ne pourrai même pas aller à vos meetings, malheureusement. » Ils m'ont rétorqué : « Ça ne fait rien, la présence de votre nom sur la liste suffit. » J'ai pensé que j'étais pour eux une bonne « prise de guerre ». Mais bon ! Ils m'avaient par ailleurs mise en garde : « Il est possible que vous soyez élue, mais ce n'est pas si sûr. De toute façon ce sera juste. » Un mois plus tard, je me suis retrouvée élue, deuxième sur la liste, à deux mille voix près. Eux-mêmes n'en revenaient pas !

Alors voilà que tout d'un coup, je me retrouve dans un autre monde. Certes on n'a pas de voiture de fonction à cocarde mais on vient quand même vous chercher à la gare, on a des assistants. Bref, pour moi, c'était un vrai choc culturel. Par la suite, ce fut bien davantage. Je pourrais dire qu'au Parlement, je suis née au langage, moi qui avais justement commencé ma vie en prenant l'habitude d'étouffer les mots. Plus tard, le pli fut pris. Dans les orchestres, on n'aime pas que le chef parle trop ou qu'il philosophe en faisant assaut de musicologie. Nous sommes des artisans, efficaces avant tout. La sensibilité doit passer par l'intuition, les gestes. Il ne faut pas trop « expliquer » ce qu'on fait mais préserver une part de mystère.

Je m'étais donc habituée à ne pas beaucoup parler, ni écrire. Au Parlement européen, tout à coup, j'ai été obligée de rédiger des textes, de prendre la parole en public, de prononcer des discours. C'était tout à fait nouveau pour moi. Je suis née à ce que j'appellerais le « parlage ». En y réfléchissant, cela n'a pas été très difficile. Cela m'a fait découvrir en moi des possibilités enfouies.

Reste qu'au début, dans les réunions, j'étais très intimidée. Je me disais : « Ces politiques sont beaucoup plus intelligents et cultivés que moi. Ils savent tellement plus de choses. Il faut que je les écoute. » J'en suis vite revenue et j'ai compris – c'était terrible – qu'ils parlaient surtout pour tenir le plus longtemps possible, occuper le terrain. Ils jouissaient du plaisir du temps de parole, de l'expansion de soi, quitte à répéter toujours la même chose, souvent inintéressante. C'était le lot commun auquel seuls quelques-uns faisaient exception.

En tant que musicienne, ce qui me gênait le plus, c'était les applaudissements. Au concert, à la fin d'une exécution vraiment réussie, il se passe quelques secondes de silence pour saluer un moment de grâce, et on n'applaudit pas entre les morceaux. L'applaudissement, c'est le cœur qui exprime de la reconnaissance, il a quelque chose de sacré car quelqu'un vient de se mettre à nu. On ne peut pas tricher quand on est artiste. Les gens sont émus à cause de cela, parce qu'on est authentique. Ce que les interprètes apprécient le plus au concert, ce sont la qualité et l'intensité du silence que leur accorde le public pendant l'exécution puis juste avant les applaudissements. Après avoir joué la *Sonate en mi mineur* de Chopin au Théâtre des Champs-Élysées, la grande pianiste Clara Haskil confia : « Je n'ai jamais rencontré un tel silence. Je ne sais pas si je le retrouverai un jour ! » Parfois, après le dernier accord de l'orchestre, dix longues secondes s'écoulent avant que l'ovation se déclenche. Ces dix secondes de silence témoignent d'un état de grâce partagé par tous.

Dans les meetings politiques, à peine énoncé un beau mot ou une méchanceté sur l'un ou sur l'autre, et l'on applaudit à tout rompre. Je trouvais cela primaire, voire bestial. J'ai fini par comprendre que là où j'étais, il n'y avait pas vraiment de débats idéologiques, ni d'idées, ni de vrai travail de fond. Le plus souvent, il s'agissait seulement de postures choisies pour cibler des électorats et gagner des voix. Il fallait marquer son territoire pour exister par rapport à d'autres.

Cela dit, la découverte sociologique de ce petit monde de Bruxelles, des commissions, du Parlement de Strasbourg ne manquait pas d'intérêt. En fait, quand on vient de la société civile, on n'est pas si bien considéré que cela par les politiques professionnels. Au départ, j'ai bénéficié d'une certaine bienveillance, parce que je n'étais pas trop envahissante et que mon attitude restait modeste. Par la suite, cela s'est un peu gâté. Tous ces gens qui n'ont pas d'autre recours que la politique, pas de métier, qui ne sont pas connus, qui n'ont eu aucun média, n'apprécient guère l'arrivée d'une notoriété, une « people » si on peut dire, qui leur prend leur place. Ils n'ont qu'une envie : la liquider au plus vite. Mon collègue Jean-Marie Cavada a été, lui aussi encore plus que moi, la cible de nombreuses attaques.

C'est ainsi que j'ai perçu les choses : surtout ne pas nous laisser prendre d'envol, ne pas écouter ce que nous savions et ce que nous pouvions apporter. C'est flagrant, notamment lors des réunions des groupes politiques. Certains y monopolisent la parole, répugnent à vous la donner et ne s'intéressent pas à ce que vous dites quand vous arrivez à la prendre.

Au sein du Parlement européen, je me suis appuyée en revanche sur la compétence des fonctionnaires et celle de mes assistants – en particulier l'excellente juriste Colette Bouckaert. J'ai travaillé en toute indépendance, sans trop me soucier des partis politiques, y compris du mien, le Modem – que j'ai d'ailleurs quitté au bout de deux ans à cause du manque de démocratie interne et de sérieux dans la gestion des ressources humaines. Bayrou ne pensait qu'à son destin présidentiel ! Avec Jannely Fourtou et Jean-Marie Cavada, on a formé un petit parti (l'ADLE), qui travaillait de façon indépendante, au sein du groupe centriste du Parlement européen. Ce dernier nous laissait le plus souvent notre liberté de vote parce que ce parti ne constituait pas un ensemble très homogène. Entre les libéraux du nord de l'Europe et les démocrates du sud, l'accord ne se faisait pas toujours sur des projets de société ou sur les questions économiques.

Au Parlement européen, pour être efficace, le plus important est de choisir quelques dossiers qu'on connaît bien, qu'on veut défendre et faire aboutir. Plutôt que de s'éparpiller, mieux vaut cibler ses objectifs et se montrer tenace, obstiné. J'ai choisi de m'intéresser au statut social des artistes. Il me tenait vraiment à cœur car je connaissais les problèmes que rencontrent, notamment en France, les intermittents du spectacle. Je me suis efforcée de voir comment les choses se passaient en Europe pour ce qui concerne la Sécurité sociale des artistes, les indemnités de chômage, les pensions de retraite et les reconstitutions des carrières artistiques. J'ai constaté qu'en dépit des directives et des lois, il n'existait aucune vraie coordination entre les directions du Travail ou des Affaires sociales des différents pays européens. J'ai travaillé sur ces questions pour faire prévaloir des méthodes et des procédures qui commencent – laborieusement – à être mises en place.

Je me suis aussi énormément engagée avec Jean-Marie Cavada pour défendre l'adoption internationale, contestée et remise en cause par certains États européens comme la Roumanie, et nous avons œuvré pour la création d'un espace européen de l'adoption.

J'étais naturellement européenne, je le disais plus haut, aussi bien à travers mon travail que dans ma vie. Mais c'est une chose de vivre cela et c'en est une autre de voir de près comment les institutions européennes fonctionnent. À ce sujet, je dois dire que, contrairement à d'autres, je n'ai pas été trop déçue.

Le plus intéressant, quand on participe à une commission, c'est d'entendre des députés de tous les partis européens, mais aussi de toutes les nationalités, s'exprimer en direct, librement, sur des sujets précis, sans le filtre souvent déformant de la presse. Les meilleurs spécialistes venaient nous expliquer des sujets mondiaux. Or la presse, je l'ai constaté, résumait parfois les choses en falsifiant la vérité.

Pendant les années où j'ai siégé au Parlement européen, il y a eu des déçus, y compris parmi les plus européens et au sein du Modem. Des élus ont même avoué clairement qu'ils n'y croyaient plus. Mais pour moi qui arrivais, en revanche, cela restait passionnant. En d'autres termes, je trouvais des excuses à l'Europe. Je me disais qu'elle était adolescente, qu'elle passait donc par des tas de crises. Après tout, cinquante années pour une institution, c'est peu de chose. Qu'on se souvienne des difficultés que les États-Unis ont dû surmonter pour se constituer. Il existe plus de quarante langues européennes et trois alphabets (c'est ce qu'on appelle la polyglossie). Cela ne rend pas les choses faciles.

Ajoutons à cela qu'il y a encore un énorme travail de deuil à faire en Europe. Si l'on prend conscience du nombre de conflits qui s'y sont déroulés, des mémoires à vif et des rancunes mal éteintes, on réalise que nous vivons encore dans l'Europe des cimetières. Il faudra plusieurs générations avant que l'Europe se constitue pour de bon. Pour ma part, je trouve normal que l'avancée soit si lente. Prendre le temps s'avère parfois nécessaire, d'ailleurs, comme on l'a constaté avec l'élargissement de l'Europe : en ayant été décidé trop vite, celui-ci a empêché – ou, espérons, retardé – l'avènement d'une Europe politique.

*

Pendant cinq ans, je me suis donc tenue éloignée de la musique. Pas complètement, bien sûr, puisque j'ai continué à faire, de temps en temps, des concerts. Comme je l'ai relaté plus haut, trois mois avant mon élection, en février-mars 2004, Claudio Abbado m'avait demandé de créer avec lui l'Orchestre Mozart à Bologne. Les trois premières années de mon mandat, j'ai continué à me rendre à Bologne pour l'assister – même si, à la fin, je n'étais plus assez libre et ai dû, à regret, y renoncer.

Par ailleurs, la musique m'a suivie jusqu'au Parlement. Ou plutôt, je l'y ai introduite en dirigeant les cérémonies de la fin de la présidence européenne française à Strasbourg. Avant que celle-ci débute, Olivier Tcherniak, le secrétaire général de la fondation Orange – qui avait été le mécène de notre *Petite Flûte enchantée* à l'Opéra de Lyon – avait voulu me rencontrer. Il m'a dit tout de go : « Mon équipe et moi n'avons jamais retrouvé une telle expérience. Nous aimerions beaucoup travailler à nouveau avec vous. Que pourrions-nous faire ensemble ? » Je lui ai proposé de participer à la cérémonie : « La présidence française de l'Union européenne, cela mérite bien une fête pour sa clôture... » L'idée lui a plu. J'ai demandé ensuite à Jean-Pierre Jouyet, alors secrétaire d'État aux Affaires européennes, s'il était d'accord, il m'a répondu positivement. J'ai également obtenu le feu vert de l'Élysée.

Nous nous sommes donc tous mis au travail. Il ne s'agissait pas d'organiser la promotion de ce qu'on sait faire en France mais de réunir des Européens dans un concert commun. Et finalement, je pense que nous avons monté un projet véritablement européen.

On a choisi un orchestre en Slovaquie, le Philharmonique de Bratislava. Puis des chœurs d'enfants professionnels d'une dizaine de pays différents : près de deux cents enfants venus de France, d'Estonie, d'Espagne, d'Angleterre, de Belgique, d'Allemagne, etc. À tous, on a d'abord envoyé des cassettes avec mes *tempi*. Je suis allée ensuite leur rendre visite sur place, puis en Slovaquie pour travailler avec le Philharmonique de Bratislava. Le chef de chœurs parisien, Scott Prouty, a été chargé d'aller sur place, lui aussi, pour superviser et faire progresser leur préparation.

À Strasbourg, on a bâti un programme destiné aux politiques et adapté à leurs goûts : un *best of* Berlioz. On ne voulait pas d'un concert traditionnel avec des œuvres intégrales, il fallait que la fête soit accessible à tout le monde, sans entracte. Au total, la seule chose qu'il y avait de « français », c'était le programme ; pour le reste, c'était d'autres Européens qui jouaient de la musique française. Cela avait un sens. J'ai choisi des fragments de

La Damnation de Faust : des airs de Méphistophélès et de Brander, etc., habituellement interprétés par de grands artistes, de grandes voix de basse ou de baryton, et je les ai adaptés pour chœurs d'enfants à trois voix. À dessein, j'ai pris les passages les plus attrayants de *La Damnation de Faust,* comme la chanson du rat ou celle de la puce, celle du roi de Thulé et l'air sublime de Marguerite, « D'amour l'ardente flamme ». La grande cantatrice Anna Caterina Antonacci a bien voulu jouer le jeu. Elle a chanté une partie des *Nuits d'été* de Berlioz en acceptant – ce qui est rare – que les enfants joignent leurs voix à la sienne au milieu d'une de ses parties solistes. Jamais, dans un concert traditionnel, cela n'aurait été possible !

Tout a parfaitement fonctionné. On a débuté par l'hymne européen et, au lieu de le jouer à l'orchestre seul, j'ai voulu qu'il commence dans la plus grande douceur pour s'amplifier en un immense *crescendo,* avec les enfants qui chantent d'abord *piano,* bouche fermée, puis de toute leur voix. Mon aventure européenne, en somme, se terminait en musique.

Elle s'est achevée en effet, mais contre ma volonté. À la fin de mon mandat, je me rendais bien compte que si je voulais être réélue, il fallait que je m'engage davantage au Parlement européen. De toute façon, ma carrière musicale était interrompue, en suspens. J'ai donc voulu, à un moment donné, continuer au Parlement, mais, n'étant sur aucune liste, je n'ai pu être réélue.

Aurais-je vraiment renoncé à la musique si une carrière politique s'était ouverte devant moi ? Peut-être que le hasard a bien fait les choses…

18.
LA MUSIQUE AUTREMENT

La parenthèse européenne ainsi refermée, je suis revenue vers la musique. Je crois avoir mieux compris à ce moment-là que je ne dirigerai plus jamais comme autrefois. Quelque chose en moi avait changé. Mon rapport à la musique n'était plus vraiment le même, il s'était apaisé, pacifié. La découverte de la spiritualité orthodoxe avait favorisé ma transformation intérieure.

Celle-ci ne concernait d'ailleurs pas seulement ma relation à l'art musical mais à la profession tout entière. La logique à l'œuvre est assez facile à définir. Dans la mesure où l'approche de la spiritualité vise autant que possible à tuer l'ego – c'est le but même de la vie – pour s'ouvrir à une adhésion au monde plus large, il devient difficile de continuer à se battre pour faire carrière avec les armes que la société requiert. Ainsi apprend-on peu à peu à décortiquer les composantes du piège dans lequel on était enfermé.

Il y a d'abord la médiatisation. Sans elle, pas de contrats, parce qu'on n'engage que les artistes dont on parle, ceux qui peuvent remplir les salles.

La médiatisation entraîne la notoriété. Dans la carrière d'un artiste, cette dernière occupe une place importante. On la recherche, on l'entretient, sans toujours se rendre compte qu'elle a un prix et que celui-ci est élevé. Mon parcours avec le père Syméon m'a aidée à en prendre conscience et à tenter de m'en détacher. Une fois, alors que j'arrivais au monastère de Maldon, une moniale s'est exclamée : « Vous êtes Claire Gibault ? Mon frère a chanté sous votre direction ! » Le père Syméon lui a fait signe de se taire. J'ai compris qu'ici, on ne venait pas en professionnel, et encore moins en tant que « célébrité ». Avant d'entrer, on déposait « les soucis du monde », du moins on essayait : on ne se dépouille pas du « vieil homme » comme ça !

La notoriété n'est pas mauvaise en soi, mais en agissant comme une drogue elle peut provoquer des ravages. On la perçoit comme un outil de communication, un moyen d'exister, mais on en sort rarement indemne. Je le mesure mieux aujourd'hui. En fait, même quand on n'en a plus vraiment besoin pour obtenir des engagements, on finit par se persuader qu'on n'existerait plus si on n'avait pas sa photo dans le journal ou si on ne vous téléphonait plus. Cela devient une addiction. C'est le syndrome des gens de la presse, qui font une dépression nerveuse lorsqu'ils ne sont plus publiés ou à l'antenne.

Moi-même, quand j'étais à l'Opéra de Lyon et que je me défendais tant bien que mal, j'y ai succombé. Ma notoriété a grandi. J'ai eu droit à de grandes pages dans tous les journaux féminins, et même des couvertures. Il faut avouer qu'arriver à Londres et, à la gare, apercevoir sa photo en couverture d'un magazine anglais, c'est grisant. On y prend goût sans en mesurer tout de suite les conséquences. De fait, on devient moins attentif à l'entourage, on s'habitue aux privilèges, on finit par trouver normal que les autres se mettent en quatre pour vous, on s'accoutume à être au premier rang, à la première place. On s'imagine vite que tout vous est dû. C'est le danger. On supporte mal de passer au second plan ou que, dans une assemblée, les gens ne viennent pas d'abord vers vous comme si vous étiez la personne la plus importante.

J'ai cédé moi aussi – et souvent – à cette logique passablement perverse, avant d'être capable de porter un regard critique sur tout cela. En suis-je vraiment guérie ? Pas sûr. Il paraît que l'orgueil meurt une demi-heure après nous ! Une chose est certaine : par essence, la médiatisation et la notoriété sont incompatibles avec l'humilité puisqu'elles rendent difficile de se décentrer de son ego.

Il faut également compter avec la compétition. C'est une autre logique, tout aussi dangereuse : tuer l'autre pour exister, passer avant le voisin ou le concurrent. En fait, dans l'orthodoxie – et le christianisme en général –, il s'agit d'apprendre à aimer ses ennemis. Comment alors concilier la cruauté qu'exige la conduite d'une carrière, au nom du perfectionnisme artistique, avec la spiritualité ? Pas facile. Comment accommoder cette obsession de l'ego, ce narcissisme spontané, avec un minimum d'humilité ? C'est encore moins facile.

Un jour pourtant, j'ai refusé que la musique remplisse la totalité de ma vie, que mon existence se réduise à elle seule. Quand on veut répondre à sa propre soif spirituelle ; quand on a envie de vivre pour aimer et être aimé, ce besoin de plénitude devient plus important que tout le reste – plus important, en tout cas, que le combat, la revanche sociale, l'envie de gagner de l'argent et d'être célèbre. C'est d'ailleurs ce que m'a dit mon père en mourant : il faut être dans l'amour... Le père Sophrony, qui a fondé le monastère de Maldon avec le père Syméon, avait été un artiste peintre très connu sous le nom de Sakharov. Il avait été exposé au Salon d'Automne de Paris. Il a fini par estimer que l'art était quelque part une impasse, qu'il fallait y renoncer.

Le père Syméon lui-même m'a dit un jour : « C'est vous qui voyez. Est-ce que votre métier est compatible avec votre chemin ? Je crois qu'il y a un moment où il faut se débarrasser du "vieil homme". Ça peut être un frein. »

Entre le moment où le père Syméon m'a dit cela et le jour où j'ai renoncé provisoirement à la direction d'orchestre pour le Parlement européen, des années se sont écoulées, pendant lesquelles j'ai continué à être chef d'orchestre. Je le suis redevenue aujourd'hui, mais pas de la même façon. Bien des choses ont changé pour moi, y compris dans le concret, dans le rapport aux musiciens, à l'autorité, à la musique... La métanoïa s'est étendue à tout cela.

Au fond l'orthodoxie m'a appris à déplacer mes exigences. Au lieu d'être obnubilée par une perfection purement esthétique et abstraite – l'intonation ou la mise en place rigoureuse –, j'ai cherché à donner plus d'expressivité à mon discours musical, dans la douleur comme dans la joie ou simplement le sens. À partir de ce moment-là, j'ai davantage tenu compte du facteur humain. J'ai moins systématiquement imposé mon point de vue, j'ai mieux écouté les propositions qui émanaient de l'orchestre et fait en sorte de les harmoniser. Autrement dit, j'ai essayé de jouer avec les faiblesses et les qualités des orchestres afin que notre travail commun soit un moment de partage et d'échange. Au bout du compte, j'ai accordé de l'importance à ce que, jusqu'ici, je négligeais. J'ai vécu la direction d'orchestre comme une relation avec des hommes et des femmes incarnés, vivants. Disons qu'auparavant, je donnais techniquement mon regard à tous, j'appliquais certaines méthodes pour avoir de l'autorité et que tout le monde se sente respecté. Mais l'amour n'entrait pas en ligne de compte. À partir du moment où je me suis mise à aimer les gens qui étaient en face de moi, tout s'en est trouvé transformé. Du moins c'est ainsi que je l'ai ressenti.

En avançant dans ma remise en question, au fond, j'ai fini par accepter d'être moi-même. Et cela, de façon plus apaisée. J'ai accepté de séduire, par exemple, mais d'une manière plus vraie, plus profonde, avec tout ce qu'il peut y avoir d'intense en moi. Cela n'a plus rien à voir avec la séduction érotique, celle-là engage la personne entière. C'est un charme dont les hommes usent eux aussi, mais sans se poser autant de questions. Pour une femme qui exerce un certain pouvoir, cela n'est pas toujours très facile à gérer. Entre le pouvoir absolu, sans partage, que j'ai exercé jadis, et la séduction, je m'efforce maintenant de trouver une vérité : *ma* vérité. Ce que je cherche avant tout, c'est un échange d'adulte à adulte, sans démagogie. Cette place qui est la mienne à la tête de l'orchestre implique des obligations, j'allais dire des devoirs. Je me dois d'être humainement à la hauteur, de mériter en quelque sorte cette position. C'est sans doute de cette façon que, grâce à la musique, je peux mettre réellement en pratique ma conception de la vie. C'est pour cela que ma rencontre avec Abbado a été un grand choc. Sa générosité et sa dérision à l'égard de lui-même en font – à mes yeux – un modèle.

Cet autre rapport à la musique que j'ai tenté d'instaurer a eu des prolongements très concrets. D'un point de vue physique, j'ai commencé à diriger autrement. Jusqu'alors, mon corps était dissocié : je dirigeais avec le haut du corps, je n'arrivais pas à avoir une respiration basse, à être charnelle dans la musique ni à avoir des rapports incarnés avec les gens. J'étais en quelque sorte dans la cérébralité. Avec la métamorphose intérieure que je vivais, tout cela a mieux fonctionné. Je me suis mise à diriger en engageant davantage l'intégralité de mon corps. Je n'avais plus le sentiment d'être coupée en deux. Mon corps tout entier participait à la musique. Ma direction en devenait plus sensuelle, plus souple, plus ronde. Du coup, j'étais moins dure avec les musiciens, plus maternelle, plus paisiblement féminine, en somme.

Cette nouvelle façon de concevoir mon métier a bien entendu réduit la distance, dont j'ai déjà parlé, entre le chef d'orchestre et, si j'ose dire, la piétaille ; le fossé entre celui qui commande et ceux qui obéissent. J'ai mieux compris que, pour un chef d'orchestre, il existait mille façons d'exercer le pouvoir. De Bruno Walter à Toscanini, toutes les variantes sont possibles. Les grands chefs autoritaires que j'avais pris pour modèles au début de ma carrière peuvent être efficaces sur le plan artistique, et même répondre en cela à une éventuelle attente de l'orchestre. Pourquoi pas ? Néanmoins, je pense maintenant qu'un certain type d'autorité – paternaliste – est néfaste pour les musiciens, et donc improductive sur la durée. Je ne reviens pas sur les relations névrotiques qui peuvent s'installer dans un orchestre du fait de la mégalomanie, du narcissisme et de la cruauté de certains chefs. Ce sont les signes d'échecs humains qu'il faut garder à l'esprit.

Dans le travail avec l'orchestre, il me semble que le plus important est de trouver une écoute réciproque. Pour cela, j'ai besoin d'un grand silence, d'une concentration totale. Je dois essayer de capter chaque regard, individuellement. Il y a certains relâchements que je ne tolère pas, le bruit par exemple. Reste que je ne pourrais jamais obtenir cette qualité d'attention par la contrainte ou la pure autorité. Même si je le voulais, d'ailleurs, j'en serais bien incapable, je n'ai pas la voix assez forte pour hurler comme peut le faire un homme. Au demeurant, j'ai appris à mes dépens que si les musiciens supportent les colères d'un chef masculin, parfois même avec un certain masochisme, ils ne l'accepteraient jamais d'une femme. Ils la traiteraient tout de suite d'hystérique.

Je dois ajouter que cette puissance-là ne m'apporterait aucune satisfaction, aucun plaisir. Ma façon d'être à moi, c'est la douceur. Je n'élève pas la voix, il faut être attentif pour m'entendre. La douceur, en fait, peut constituer une arme efficace, et très contraignante… À Rome, à la Scala de Milan, à Gênes, j'ai dirigé des orchestres réputés féroces et auprès desquels plusieurs chefs « à poigne » s'étaient cassé les dents. Tout le monde pensait que j'allais me faire dévorer. Or la douceur, en l'occurrence, a été payante. Ceux qui avaient l'habitude de directions autoritaires, d'injonctions violentes, ont dû se taire pour m'entendre. Ils ont été tellement surpris, déphasés, qu'ils m'ont offert une belle qualité d'écoute. C'est surtout cela que j'aime face à un orchestre : accrocher l'intérêt des musiciens à partir de quelque chose d'eux-mêmes qui les émeut. Vibrer d'une attention partagée, c'est aussi cela le sentiment musical.

Du moment où la conception de ma fonction a changé, tout s'est beaucoup mieux passé. En 2002, quand j'ai dirigé *Idomeneo* de Mozart à Washington, avec Placido Domingo dans le rôle-titre, une immense complicité s'est établie entre l'orchestre et moi. Plus question de rapports de forces ou de résistance. On était vraiment dans le partage. L'orchestre, les chanteurs, le public et la critique l'ont vécu ainsi.

À l'expérience, cette méthode du partage et de la douceur se révèle infiniment plus productive que l'autoritarisme. Après mon détour de cinq ans par le Parlement européen, j'espère en récolter bientôt les fruits. Ledit détour, finalement, aura été utile. Il était nécessaire à la maturation. Chaque chose arrive à son heure. Il faut du temps pour naître à soi-même.

Cette modification de mon rapport à l'orchestre, cette plus grande douceur qui m'ouvre à une perception différente, je les dois à l'orthodoxie. C'est elle qui m'a réunifiée, je l'ai dit. Il n'y a plus de cloisonnements entre ma vie et mon travail. Je suis toujours la même, mais il n'y a plus de rôle à jouer. Et cela change tout.

Je crois être devenue plus charnelle, plus expressive, et sans doute aussi plus romantique, plus sentimentale – plus dans la vie en tout cas. Ce qui peut sembler paradoxal quand on sait que la spiritualité est souvent perçue comme un moyen pour éloigner les passions, les amours, l'appétit... Je veux préciser que la douceur n'est pas la mièvrerie. Elle en est l'exact contraire. C'est une écoute plus attentive de l'autre qui permet à ce dernier de se livrer davantage, et donc de donner davantage. La douceur, c'est une façon – ferme et calme – de créer un espace commun.

*

Et maintenant ? Je me sens à l'orée d'une vie nouvelle. Mon énergie est intacte, tout comme mon désir de concevoir et réaliser des projets enthousiasmants ; d'inventer des façons inédites d'exercer pleinement mon métier sans jamais ronronner sur mes acquis.

Concrètement, quelles formes ce renouveau pourrait-il prendre ? Un poste fixe quelque part, ou une multitude d'engagements en tant que chef d'orchestre invitée ? Difficile de le décider moi-même.

Le plaisir d'avoir la direction d'un orchestre, c'est qu'on peut à la fois mener une politique musicale (imprimer un style et aller loin dans l'interprétation) et contrôler sa programmation (choisir son répertoire). Mais cela veut dire aussi se réengager, sur le long terme, dans une carrière pour l'orchestre, pas pour soi-même – ce qui implique d'accomplir un travail immense, à plein temps.

À l'inverse, en tant que chef invité, on ne décide pas forcément des œuvres qu'on dirige, on est à la merci des autres. C'est moins confortable. C'est aussi moins accaparant. Cela permet de se tenir ouvert sur le reste du monde, en « Wanderer » (vagabond), en toute liberté.

Entre les deux, jusqu'à récemment, j'avais du mal à choisir, préférant, comme disent les croyants, m'abandonner à la providence.

Et puis voici qu'au moment de mettre un point final à ces pages, une idée s'est faite jour en moi – sans doute née de ce retour sur les années passées. L'idée d'une autre voie possible. D'une aventure à la fois individuelle et collective différente, à l'exemple de celle que Claudio Abbado a tentée et réussie et à la genèse de laquelle j'avais participé : la création d'un orchestre se réunissant quelques semaines par an pour faire de la musique sans aucune lassitude ; avec des musiciens fidélisés, ayant les mêmes affinités et la même sensibilité musicales, une souplesse d'adaptation et une liberté que ne peuvent pas forcément garder les orchestres permanents, ainsi que le goût d'un certain répertoire référencé à ce que l'on appelle l'« orchestre Mozart ».

C'est ce genre d'aventure que j'ai envie maintenant de tenter en créant mon propre orchestre. Mon expérience au Parlement européen m'a permis de comprendre que les femmes n'accédaient aux postes de responsabilité qu'en fondant leur entreprise. Je vais donc prendre mon destin en main, ne plus attendre d'être choisie, être libre et autonome pour faire de la musique avec une passion sans réserve et dans l'accomplissement du partage.

REMERCIEMENTS

J'ai eu le bonheur d'être accompagnée dans l'écriture de ce livre par Jean-Claude Guillebaud, Monique Lullin et Sophie de Sivry. Je tiens à les remercier profondément pour l'intérêt, la confiance qu'ils m'ont manifestés, et tous les conseils si professionnels qu'ils m'ont prodigués.

BREF LEXIQUE MUSICAL

Appogiature (de l'ital. Appoggiare = appuyer) : ornement consistant à adjoindre une ou plusieurs notes inférieures ou supérieures à la note principale, pour renforcer son caractère expressif en créant une dissonance avec l'accord qui l'harmonise.

Glockenspiel : instrument de la famille du «Jeu de timbres», conçu sur le principe de lames d'acier de dimensions variables mises en vibration par le choc d'un marteau soit tenu à la main, soit mû par l'intermédiaire d'un clavier. Le son est celui d'un carillon.

Harmonique, ou son harmonique : un son fondamental étant donné, les harmoniques sont les notes dont la fréquence est un multiple de la fréquence de celui-ci. Sur un instrument à corde, l'harmonique est obtenue en posant le doigt sur la corde sans l'appuyer ce qui donne un son «sifflant» à l'octave, à la quinte ou à la quarte supérieures selon le doigté.

Harmonie de septième diminuée : l'harmonie est la science des accords. Par commodité, on attribue à ces accords un chiffrage. L'accord de septième diminuée est le premier renversement de l'accord de septième de dominante dont la fondamentale est placée sur le cinquième degré de la gamme, la dominante.

Homophonie (du grec *homos*, semblable, et *phônê*, voix) : terme désignant une musique exécutée à l'octave, à la double octave ou à l'unisson. Le chant grégorien et le chant populaire relèvent de l'homophonie.

Homorythmie : terme désignant l'identité rythmique des différentes voix d'une œuvre polyphonique.

Sicilienne : danse italienne, d'origine populaire, d'allure modérée et de caractère bucolique, avec une mesure à 6/8.

Sixte napolitaine : terme d'harmonie désignant un accord de sixte posé sur le quatrième degré de la gamme mineure, avec une altération descendante de la sixte.

Triton : intervalle de trois tons entiers correspondant à une quarte augmentée. Cet intervalle a préoccupé les musiciens dès les débuts de la polyphonie médiévale en raison de sa position intermédiaire entre les intervalles naturels, quarte et quinte, qu'il semble dénaturer – d'où son surnom de *Diabolus in musica.*

TABLE

La composition de cet ouvrage a été réalisée par Dominique Guillaumin.
La révision a été assurée par Monique Lullin.
La couverture et la jaquette ont été conçues par al@ga.

ISBN : 978-2-91336-628-2

Dépôt légal : septembre 2010

Achevé d'imprimer en France en avril 2020
par Dupliprint à Domont (95)
N° d'impression : 2020040581 - N° d'édition : 4488923